全国高等学校外语教师丛书·**科研方法系列**

Doing Action Research:
A Practical Guide for University
Foreign Language Teachers

高校外语教师行动研究：
方法与案例

徐　浩　李春梅　编著

外语教学与研究出版社
FOREIGN LANGUAGE TEACHING AND RESEARCH PRESS
北京 BEIJING

图书在版编目（CIP）数据

高校外语教师行动研究：方法与案例 / 徐浩，李春梅编著. —— 北京：外语教学与研究出版社，2023.6
（全国高等学校外语教师丛书. 科研方法系列）
ISBN 978-7-5213-4569-8

Ⅰ. ①高… Ⅱ. ①徐… ②李… Ⅲ. ①高等学校－外语教学－师资培养－研究 Ⅳ. ①H09

中国国家版本馆 CIP 数据核字 (2023) 第 108697 号

出 版 人　王　芳
选题策划　解碧琰
项目负责　段长城
责任编辑　秦启越
责任校对　段长城
装帧设计　彩奇风
出版发行　外语教学与研究出版社
社　　址　北京市西三环北路 19 号（100089）
网　　址　https://www.fltrp.com
印　　刷　北京九州迅驰传媒文化有限公司
开　　本　650×980　1/16
印　　张　8
版　　次　2023 年 6 月第 1 版　2023 年 6 月第 1 次印刷
书　　号　ISBN 978-7-5213-4569-8
定　　价　39.90 元

如有图书采购需求，图书内容或印刷装订等问题，侵权、盗版书籍等线索，请拨打以下电话或关注官方服务号：
客服电话：400 898 7008
官方服务号：微信搜索并关注公众号"外研社官方服务号"
外研社购书网址：https://fltrp.tmall.com

物料号：345690001

目　录

总　序 .... 文秋芳 iii
前　言 vii

第一章　行动研究概述 1
  1.1 行动研究是什么？ 1
  1.2 行动研究的外在特征及定义 5
  1.3 我国高校外语教师行动研究的现状 7
  1.4 小结 15

第二章　行动研究的方法 17
  2.1 问题的发现与确定 17
  2.2 行动研究方案设计 21
  2.3 行动研究的实施 24
  2.4 效果评估与反思 27
  2.5 总结与提升 34
  2.6 小结 38

第三章　行动研究叙事案例 47
  3.1 行动研究叙事案例的缘起 47
  3.2 行动研究叙事案例的过程 48
  3.3 行动研究叙事案例的反思 52
  3.4 小结 52

第四章　行动研究论文案例..55
　　4.1　基于大学英语视听说课程的行动研究................55
　　4.2　提高大学生口语表达能力的行动研究................67
　　4.3　提高大学生英语写作水平的行动研究................79
　　4.4　小结..91

第五章　行动研究报告写作..94
　　5.1　写作目的与基本结构..94
　　5.2　引言与文献综述..95
　　5.3　研究方法..98
　　5.4　各轮行动与结果分析......................................100
　　5.5　讨论与结语..107
　　5.6　小结..108

参考文献..109

总　序

"全国高等学校外语教师丛书"是外语教学与研究出版社高等英语教育出版分社近期精心策划、隆重推出的系列丛书，包含理论指导、科研方法、教学研究和课堂活动四个子系列。本套丛书既包括学界专家精心挑选的国外引进著作，又有特邀国内学者执笔完成的"命题作文"。作为开放的系列丛书，该丛书还将根据外语教学与科研的发展不断增加新的专题，以便教师研修与提高。

笔者有幸参与了这套系列丛书的策划工作。在策划过程中，我们分析了高校英语教师面临的困难与挑战，考察了一线教师的需求，最终确立这套丛书选题的指导思想为：想外语教师所想，急外语教师所急，顺应广大教师的发展需求；确立这套丛书的写作特色为：突出科学性、可读性和操作性，做到举重若轻，条理清晰，例证丰富，深入浅出。

第一个子系列是"理论指导"。该系列力图为教师提供某学科或某领域的研究概貌，期盼读者能用较短的时间了解某领域的核心知识点与前沿研究课题。以《二语习得重点问题研究》一书为例，该书不求面面俱到，只求抓住二语习得研究领域中的热点、要点和富有争议的问题，动态展开叙述。每一章的写作以不同意见的争辩为出发点，对取向相左的理论、实证研究结果差异进行分析、梳理和评述，最后介绍或者展望国内外的最新发展趋势。全书阐述清晰，深入浅出，易读易懂。再比如《认知语言学与二语教学》一书，全书分为理论篇、教学篇与研究篇三个部分。理论篇阐述认知语言学视角下的语言观、教学观与学习观，以及与二语教学相关的认知语言学中的主要概念与理论；教学篇选用认知语言学领域比较成熟的理论，探讨应用到中国英语教学实践的可能性；教学研究篇包括国内外将认知语言学理论应用到教学实践中的研究综述、研究方法介绍以及对未来研究的展望。

第二个子系列是"科研方法"。该系列介绍了多种研究方法，通常是一本书介绍一种方法，例如问卷调查、个案研究、行动研究、有声思维、语料库研究、微变化研究和启动研究等。也有的书涉及多种方法，综合描述量化研究或者质化研究，例如:《应用语言学中的质性研究与分析》《应用语言学中的量化研究与分析》和《第二语言研究中的数据收集方法》等。凡入选本系列丛书的著作人，无论是国外著者还是国内著者，均有高度的读者意识，乐于为一线教师开展教学科研服务，力求做到帮助读者"排忧解难"。例如，澳大利亚安妮·伯恩斯教授撰写的《英语教学中的行动研究方法》一书，从一线教师的视角，讨论行动研究的各个环节，每章均有"反思时刻""行动时刻"等新颖形式设计。同时，全书运用了丰富例证来解释理论概念，便于读者理解、思考和消化所读内容。凡是应邀撰写研究方法系列的中国著作人均有博士学位，并对自己阐述的研究方法有着丰富的实践经验。他们有的运用了书中的研究方法完成了硕士、博士论文，有的是采用书中的研究方法从事过重大科研项目。以秦晓晴教授撰写的《外语教学问卷调查法》一书为例，该书著者将系统性与实用性有机结合，根据实施问卷调查法的流程，系统地介绍了问卷调查研究中问题的提出、问卷项目设计、问卷试测、问卷实施、问卷整理及数据准备、问卷评价以及问卷数据汇总及统计分析方法选择等环节。书中各个环节的描述都配有易于理解的研究实例。

第三个子系列是"教学研究"。该系列与前两个系列相比，有两点显著不同：第一，本系列侧重同步培养教师的教学能力与教学研究能力；第二，本系列所有著作的撰稿人主要为中国学者。有些著者虽然目前在海外工作和生活，但他们出国前曾在国内高校任教，也经常回国参与国内的教学与研究工作。本系列包括《英语听力教学与研究》《英语写作教学与研究》《英语阅读教学与研究》《英语口语教学与研究》《口译教学与研究》等。以《英语听力教学与研究》一书为例，著者王艳博士拥有十多年的听力教学经验，同时听力教学研究又是她博士论文的选题领域。《英语听力教学与研究》一书，浓缩了她多年来听力教学与听力教学研究的宝贵经验。全书分为两部分：教学篇与研究篇。教学篇中涉及了听力教学的各个重要环节以及学生在听力学习中可能碰到的困难与应对的办法，所选用的案例均来自著者课堂教学的真实活动。研究篇中既有著者的听力教学研究案例，也有著者从国内外文献中筛选出的符合中国国情的听力教学研究案例，综合在一起加以分析阐述。

第四个子系列是"课堂活动"。该系列汇集了各分册作者多年来的一线教学经验，旨在为教师提供具体、真实、具有较高借鉴价值的课堂活动案例，提高教师的课堂教学能力。该系列图书包括《英语阅读教学活动设计》《英语听力课堂活动设计》《英语合作式学习活动》等。以《英语阅读教学活动设计》一书为例，阅读教学是学生学习语言知识和教师培养学生思维的重要途径和载体，该书第一作者陈则航教授多年来致力于英语阅读教学研究，希望通过该书与读者分享如何进行具体的阅读教学活动设计，探讨如何在课堂教学中落实阅读教学理念。该书包括三个部分。第一部分介绍在阅读前、阅读中和阅读后这三个不同阶段教师可以设计的阅读教学活动，并且介绍了阅读测评的目的、原则和方式。第二部分探讨了如何通过阅读教学促进学生思维发展。第三部分展示了教师在阅读课堂中的真实教学案例，并对其进行了分析与点评，以期为改进阅读教学活动设计提供启示。

教育大计，教师为本。"全国高等学校外语教师丛书"内容全面，出版及时，必将成为高校教师提升自我教学能力、研究能力与合作能力的良师益友。笔者相信本套丛书的出版对高校外语教师个人专业能力的提高，对教师队伍整体素质的提高，必将起到积极的推动作用。

文秋芳

北京外国语大学中国外语教育研究中心

2011 年 7 月 3 日

前　言

外语教学是一项系统工程，一系列复杂过程交织在一起，相互作用，共同起效。有些过程在某些情境下发挥主导作用，有些则暂时不显得那么重要，而这样的"此消彼长"往往是有规律可循的。理解外语教学，既要认识到它的复杂性，又要洞察它的规律性。从事、参与外语教学实践的教师都能理解它的复杂性，但把握这些复杂过程的规律性却是一件不太容易的事。规律本质上就是原理，用更通俗的话来讲，就是"为什么这样的教学会引发这样的结果"。有的规律适用于很多情境，属于一般规律；有的规律则仅适用于个别情境，属于具体规律。在真实的外语教学实践中，一般规律并不总是能给予教师直接、可行的指导，而更多是提供原则性的参考；具体规律虽然不太可能无限推广或过度推论，但却能很有针对性地提供具体的指引。而外语教学行动研究的核心目标便是探究、分析、掌握这样的具体规律。换言之，外语教学行动研究既不单单为了达成教学目标、完成教学任务，也不以生成、发展、阐释一般规律的理论为根本目的。这便是外语教学行动研究与教学实践、学术研究最鲜明的区别。

为了和广大高校外语教师分享我们在通过行动研究改善教学的同时，探索、揭示外语教学各种具体规律的一些思考和经验，我们撰写了这本《高校外语教师行动研究：方法与案例》。鉴于本书的目的是帮助读者了解、理解行动研究的方法和过程，我们在第一章对行动研究进行概述之后，便聚焦于行动研究的方法（第二章），包括问题的发现与确定、行动研究方案的设计、行动研究的实施、效果评估与反思、总结与提升等。这些内容的呈现顺序本身就是行动研究实际开展的顺序。第三章和第四章通过两种不同的形式呈现、解析高校外语教学行动研究的案例，即第三章介绍行动研究叙事案例，第四章分享行动研究论文案例。这些案例涵盖了高校外语教学中的不同课型。第五章仍以案例的方式介绍行动研究报告的写作方法。这一方法同样适用于大多数行动研究论文的结构与内容要求。

本书大部分章节均由徐浩和李春梅合作撰写。第四章的案例由史红丽、华瑶、张文娟三位老师提供，在此向她们的无私分享表示衷心感谢！全书最后由徐浩负责统稿。我们衷心感谢丛书编委会及审读专家、外研社高英分社段长城副社长和秦启越老师的支持和帮助！也衷心希望本书能为我国高校外语教师进一步提高开展行动研究的能力，促进外语教学研究的质量提升，做一点力所能及的贡献。

北京外国语大学中国外语与教育研究中心　徐　浩

广东外语外贸大学南国商学院　李春梅

2023 年 1 月

第一章　行动研究概述

本章旨在帮助读者厘清行动研究（action research）的概念和内涵，简要介绍行动研究的特点和基本过程。同时，基于翔实的文献综述，本章向读者展示我国高校外语教学领域行动研究的现状和特点，以进一步明确改进和提升的方向，促进高校外语教学和外语教师的双重发展。

1.1 行动研究是什么？

我们以电影《明日边缘》（*Edge of Tomorrow*）作为一个通俗易懂的例子来具体阐释行动研究是什么。《明日边缘》以神秘外星生物袭击地球为背景，主人公比尔·凯奇少校首次出战就牺牲了，但他却由于某种原因获得了重生的能力——每次死亡后，他都能回到首次出战前一天的某一时间点重生。这样一来，他就有机会利用无限次的生死循环，寻找制敌方法，最终走向胜利。凯奇少校在意识到自己具有生死循环的能力后，便有目的地开展训练和研究，以找到战胜外星生物的方法。显然，寻找突破口无法依赖已有知识和过往经验，而是需要反复尝试、持续探索。最初，他经过反复尝试，能够将自己阵亡的时间不断推后，自己在战场上的位置也不断推进。但到了某个瓶颈点以后，就很难进一步突破了。于是，他请教了一位量子物理学家，利用人类已有的最前沿的知识，做出了一个新的假设，并拟定新的战斗方案，最终取得了胜利。

这虽然是一部科幻电影，但它所讲述的故事情节，几乎体现了行动研究中主观能动性的全部特征。首先，战胜外星生物的方法并非已有知识和过往经验可及，因此存在明确的需要通过研究来解决的问题，这体现了目的性特征。其次，凯奇少校在最初的努力中，是有计划地按照某个既定方案投入战斗并不断推进的。在电影中，他的每一次参战几乎都是首先重复上一次参战的过程，之后努力避免上一次导致阵亡的因素，才取得进展。这充分体现了计划性特征。试想，如果他每次都采用任意的战斗路线，而不是基于之前的成功经验，即先完成既定的步骤，那么他或许根本不能取得任何进展。最后，当由计划性所主导的路径遇到瓶颈时，凯奇少校在请教了科学家后，重新拟定了方案，体现了协调性特征，即在探索创新方案和执行已有方案之间保持了较好的灵活度。

当然，在电影中，凯奇少校可以有无限次的机会来探索、调整、重复、改进。而在现实中，尤其是在教育教学中，我们或许只有一次机会，在某一门课的教学中把课上得更好，把学生教得更好。当试错的机会严重不足时，如何明确目的、科学计划、优化协调，就变得尤为关键，有些时候甚至能直接决定行动研究的成败。因此，要想充分发挥行动研究主观方面的能动性优势，还需要同时关注、尊重客观方面的现实性和历史性，努力让主、客观更好地融合，形成合力。

由此可见，行动研究和其他任何类型的研究一样，本质上是一种社会实践。因此，了解行动研究是什么，首先需要明确我们怎样才能更好地观察、分析、理解社会实践。毋庸置疑，社会实践是人（尤指作为社会群体的人）所从事的实践活动。具体来说，社会实践是人的主观通过人的机能与外部世界发生关联、互动和相互影响的过程。因此，主观方面，社会实践具有人所特有的显著的能动性（agency）；客观方面，社会实践具有一定的现实性和历史性。那么，考察社会实践，我们不妨从主、客观两个方面来入手。

1.1.1 行动研究中的主观能动性

对于行动研究来说，主观能动性体现在行动研究的目的性、计划性和协调性上。首先，从事行动研究的根本目的是为了解决实践中存在的问题，但这并不是行动研究目的性的全部体现。特别重要的一点是，旨在解决的问题通常无法或很难通过已有知识或过往经验来化解或消除。如果存在的问题借助已有知识或过往经验就能解决，那就不需要"研究"了，"行动"即可。此时，如果再启动行动研究，便是"假"研究了。其次，行动研究不是纯粹的"摸着石头过河"，不是纯探索，更不是"竹竿打枣——横竖乱扫"。行动研究是基于对存在问题的研究，进而提出解决方案，并按照某种预定的步骤开展的有计划性的社会实践。因此，行动研究既是一个有体系性的行动方案，也是一个有路线图的实践项目。也正因为如此，行动研究的策划与实施需要一定的管理方面的知识和能力。最后,行动研究对研究者认知和行为上的协调性有一定的要求。行动研究旨在解决需要通过研究才能突破的问题,同时又是一种项目式的社会实践,而研究本身的不确定性和项目实施的靶向性之间会产生一定的张力。在某些情况下,研究者需要调整、改变甚至是中止原有方案,以探索新的解决路径;而在另一些情况下,研究者则需要坚持既定方案,克服表层困难,来达成预定目标。因此,行动研究的研究者需要在探索意识和执行意志之间保持一定的灵活度,这就是主观能动性中协调性的具体体现。

1.1.2 行动研究中的客观情境性

行动研究作为一种社会实践,在客观方面则体现出很强的情境性,且这种情境性融合了复杂的现实性特征和历史性特征。因此,开展行动研究,需要对与问题相关联的现实性特征和历史性特征开展充分、深入的观察与分析。

首先,注重对现实性特征的考察,对包括行动研究在内的一切社会实践都极为重要。考察一个问题所处的现实及其特征,要坚持实证取向,并厘清个人偏见。坚持实证取向指的是对现实性特征的重要判断必须基于合理数据,即按照科学、规范的程序采集的定量或质性的数据。我们作为个体,不论自认为对所处情境多么熟悉和了解,都应自知个人认识的局限性。个体对客观世界的认识根本上是不完整和不完善的——我们总是选择性地观察和认识世界,又总是在此过程中存在思维逻辑方面的偏差和问题。这是个体认识外部世界的基本特点,虽然这并不是什么缺点。因此,坚持实证取向,最重要的目的之一就是尽可能克服个人主观认识的局限性。当然,并非采集、分析了实证数据,就等于坚持了实证取向。数据的采集与分析是一个外化的行为,而行为背后的观念和意识才是真正决定是否坚持了实证取向的关键。如果在观念和意识上,实证取向不坚定、不彻底,那么实证的方法很容易就会沦为单纯的工具,最后便会出现"The end justifies the means."的观念。而这样的 end 是很难突破个体认识局限性的。只有真正认识到客观世界的复杂性和主观世界的局限性,才可能切实坚持实证取向。总之,我们坚持实证取向的根本目的,是为了突破人主观性的局限性,以更好地认识现实。在行动研究中,坚持实证取向应当贯穿研究始终——从最初的问题聚焦,到后续的实践检验,都应坚持。

除了坚持实证取向，还必须厘清个人偏见。这里的偏见不仅指对待人和事物的某种主观态度，也包括驱动我们行为的动机。具备正常成熟度的成年人，对自己所持的态度性偏见，往往都能够有意识地加以识别和抑制，使它们不至于对自己的社会互动产生严重影响。但动机性偏见则不然。动机性偏见不是一时的情绪体验，而是一种相对稳定的认知图式——这种图式就像机械钟表的内部结构，是一个严密又稳定的观念体系。例如，当我们坚信研究的终极目的是改善实践时，追求应用价值就成了一种动机性偏见，它会始终驱动着我们的心理活动，让我们对各种事物做出倾向性的价值判断（如将一些看似纯理的知识视为"无用"）。同理，当我们坚信研究的终极目的是创造知识时，追求真理也便成了一种动机性偏见，它同样始终驱动着我们的心理活动，让知识创造者对各种事物做出完全不同于实践改善者的价值判断。在行动研究中，我们通常都会倡导以改善实践作为首选的动机性偏见。当然，需要特别指出的是，这里所讲的"偏见"无所谓褒贬，大致上是"倾向"的同义词而已。因此，厘清个人偏见并不是为了消除偏见，而是为了更好地"选择"偏见。

坚持实证取向，厘清个人偏见，是明确客观情境中现实性特征的核心原则。但历史性特征同样需要进行严谨的考察。任何事物都有来龙去脉，任何现实也都有历史渊源。我们考察客观情境中的各种现实性特征，根本上是考察某种历史性结果——现实在普遍意义上都是历史的结果。那么，考察历史性特征便是对原因的探究。在外语教学行动研究中，研究者经常会把学生的学习障碍作为要攻克的问题。即便是所教授的全部学生都表现出同一种学习障碍，每个个体形成这种障碍的原因往往也是千差万别的。例如，同样是单词记不住，有的学生可能是拼读不过关导致记忆困难，有的学生可能是复习的强度和频度不够导致记忆保持失败，而有的学生则可能是因为脱离意义单纯加工形式导致记忆负担加重。可见，任何一个哪怕是很简单、很微小的现实问题，都可能存在多样的历史原因。因此，在开展行动研究的过程中，应当时刻注重对历史性特征的探究和考察。

1.2 行动研究的外在特征及定义

在前面一节中，我们探讨了行动研究作为一种社会实践的内在特征，即主观方面的能动性和客观方面的情境性。然而，行动研究的外在特征更容易被观察到，因而也受到行动研究研究者的关注。行动研究的外在特征与其设计、实施过程中的技术步骤密切相关。行动研究最显著的外在特征是"行动与研究双轨"和"循环的'轮'（cycles）"。

行动研究通过研究来指导行动，以改善实践。但行动研究中的行动和研究并非截然分开的两个阶段，而是并行的两个流程。行动研究不是先研究，得到结论后再行动，也不是先行动，得到结果后再研究，而是行动和研究作为两个流程贯穿行动研究始终。这就好比中西医结合的治疗方案，不是先实施西医治疗，再实施中医治疗，而是二者并轨进行。那么，行动和研究如何结合，便成为行动研究的研究者需要着重理解的关键问题。在讨论行动和研究如何结合构成双轨之前，首先需要明确行动和研究两个流程分别包括哪些要素。在外语教学行动研究中，行动流程几乎等同于教学过程。它具体包括教学设计、教学实施、教学评估三个要素。教学设计包括目标设定、学情分析、材料选择、活动设计等；教学实施指教学活动的开展；教学评估则是对教学效果的评价和对学习问题的诊断。而研究流程也几乎等同于一项实证研究。它具体包括研究设计、受试选择、工具设计、程序实施、数据分析五个要素。因此，不论是行动流程本身，还是研究流程本身，对研究者而言都不陌生，也不难理解。这里的关键问题是行动和研究两个流程如何结合。

行动和研究两个流程的结合，主要有两种模式。第一种模式是"行动嵌入研究"，如图 1.1 所示。在这种模式中，行动研究的研究者会首先设计研究流程，即先提出研究假设或研究问题，然后将行动流程嵌入研究流程，作为后者的程序实施要素。换言之，教学过程就是研究流程中的程序实施。这和教学实验非常相似——在教学实验（尤其是单组实验研究，即不存在对照组或第二个实验组的实验）中，教学过程就是实验程序的重要内容，甚至是主体内容。

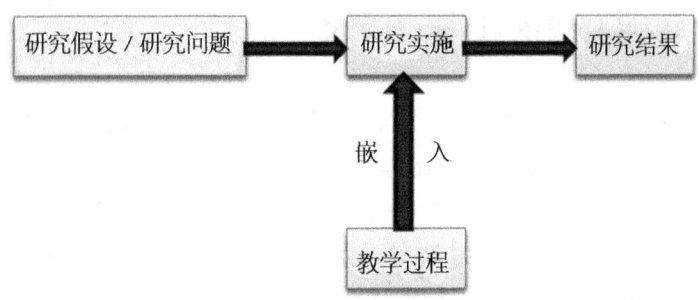

图 1.1 "行动嵌入研究"的行动研究模式

第二种模式是"研究嵌入行动",如图 1.2 所示。在这种模式中,研究者会首先设计行动流程,即先将教学过程设计好,然后将研究流程嵌入教学过程,尤其是嵌入教学评估的要素中。换言之,研究者先进行教学设计,再把研究流程作为对教学过程的观察、分析和评估嵌入教学中。当然,这两种是比较典型的行动与研究双轨模式。在实际研究中,还存在各种由这两种模式衍生出来的其他模式。

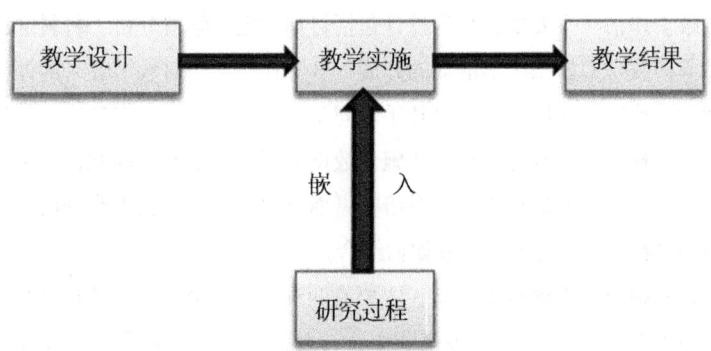

图 1.2 "研究嵌入行动"的行动研究模式

行动研究另一个显著的外在特征是其包含了循环的"轮",即行动研究通常不是通过一次性的实践就能完成,而是需要两轮或更多轮的实践才能完成或取得阶段性成果。行动研究通常无法一次性完成的原因有二。第一,实践中需要或值得花力气解决的问题往往比较多,情况通常错综复杂,很难一次性解决。这就好比去口腔医院的牙体牙髓科治疗坏牙,一般都要去很多次,每次只能解决部分问题。第二,在解决问题的过程中,往往会发现新的问题,或对原有问题产生新的认识，因此需要调整、改进甚至重做行动方案。这又好比看牙，第一轮治疗拔除了口腔下方的一颗槽牙后，如果不及时种植假牙，它上方的槽牙就会伸长，即向外向下突出，引发新的问题。因此，解决一个问题，不论是否成功，都可能会面临新一轮的问题，那么自然也就需要新一轮的解决方案。当有问题的牙和相关联的牙都治好了，进入了正常维护阶段，治疗才算告一段落。

基于行动研究的上述两个外在特征，我们可以对教学行动研究做出如下定义：

一般来说，教学行动研究是教师基于所处的特定的教学情境，自主开展教学探索和教学改进的重要方法；作为教学的一部分，它是面向教学改进的系统的方法论。教学行动研究通常为解决问题或实施改革而开展，其研究过程本质上是循环的教学行动轮次，且每一轮次的完结往往指向下一轮次中的进一步行动。

1.3 我国高校外语教师行动研究的现状 [1]

教师行动研究是实践者探究和评价自己工作的研究形式（McNiff & Whitehead, 2011）。它有效结合理论与实践，赋权教师改进教育实践，成为教师专业发展的途径（Mertler, 2009），对推动教育理论发展、培养教师和管理者的职业态度，推动教育变革做出了重要贡献（Elliott, 1991；王蔷、张虹，2014）。行动研究于20世纪末进入我国英语教育领域，主要被引介作为英语教学研究方法（黄景，1999）、师资培养和职业发展途径（吴欣，1996；吴宗杰，1995）及国外相关教师教育（王蔷，2001）等内容。进入21世纪，行动研究形态多样化，逐步形成高校研究者与中小学教师（王蔷等，2010）、跨校英语教师（常小玲、李春梅，2015）等研究共同体。2010年后，高校英语教学／教师行动研究研修班已举办六期。2016年第四届全国外语教师教育与发展专题研讨会开设"教师行动研究"专题，表明我国高校英语教师行动研究正在快速

---

1 本节主要内容摘选自李春梅，2023, 高校英语教师行动研究的现状、问题与对策（1999—2022），《外语教育研究前沿》(2)：85-91。

发展。笔者梳理了1999—2022年间的相关文献，分析现状与问题，提出对策，期待高校英语教师行动研究进一步繁荣。

鉴于本书的写作主题为介绍高校外语教师行动研究的方法与案例，其中外语教师主要指从事英语专业教学及大学英语教学的教师，暂不包括其他语种的教师，因而本小节将主要概述我国高校英语教师行动研究现状。笔者按照主题词"行动研究""英语""外语""高校"搜索1999—2022年间在中国知网（CNKI）收录的外语类中国社会科学引文索引（CSSCI）来源期刊（含扩展版和集刊）论文，[1] 共有15本刊物的56篇论文符合要求，期刊包括《外语界》《外语教学理论与实践》《中国外语》《外语教学与研究》《外语电化教学》《现代外语》《外语与外语教学》《外语教学》《中国翻译》《外语教育研究前沿》《解放军外国语学院学报》《外语研究》《外语学刊》《当代外语研究》和《西安外国语大学学报》，其中《外语教育研究前沿》和《外语界》发文最多，分别为10篇和8篇。

文献梳理分两步进行。首先结合发表时间和数量看，文献以2010年为分水岭，分为前后两个阶段。主要依据为自该年起，大规模行动研究研修班开始举办，大批高校英语教师开始学习并开展行动研究，自2011年起文献数量骤增。接着按照研究类型将文献分为实证研究、非实证研究。凡提供行动研究的对象、方案实施、评估与反思等要素的论文，即为实证研究；未能提供以上信息的论文为非实证研究。

1.3.1 总体趋势

表1.1显示了过去20余年我国高校英语教师行动研究的总体概况。从论文数量上看，第一阶段只有19篇，第二阶段37篇，增长近一倍。从研究类型看，实证研究增长较快，第二阶段（35项）是第一阶段（13项）的约2.69倍；其中非实证研究与实证研究的占比从第一阶段的6∶13（即约1∶2.17）扩大为第二阶段的2∶35（即1∶17.5）；实证研究中的教学类研究增长明显，从11篇增长至33篇，增长两倍。教师专业发展类研究略有增长。非实证研究总量不多，其中引介和理论探讨类研究数量下降明显。综上所述，实证研究的增

---

[1] 确定选入综述的论文所在刊物以发表当年是否是CSSCI来源期刊（含扩展版和集刊）为准，表1.1中分别简称为C刊、C扩、C集。

长趋势表明，行动研究范式正逐步融入高校英语课堂实践及教师自身专业发展研究中，认可度和关注度有所提高；非实证研究的下降趋势表明，引介国外行动研究的阶段接近尾声，而与英语教育教学相结合、有理论深度的研究难度较大，综述研究保持每10年一篇。

表1.1 1999—2022年我国高校英语教师行动研究概况

发展阶段		1999—2010 初步发展			2011—2022 加速发展			总计	占比（%）
研究类别	主题子类	C刊	C扩	合计	C刊	C扩+C集	合计		
非实证研究	引介、理论探讨	4	1	5	1	1	6	10.71	
	研究综述	1		1		1	1	2	3.57
实证研究	英语课程/课堂教学	11		11	19	14	33	44	78.57
	教师专业发展	2		2	2		2	4	7.14
总计		18	1	19	22	15	37	56	
占比（%）		32.14	1.79	33.93	39.29	26.79	66.07		

注：表中统计占比四舍五入取两位小数

1.3.2 两个阶段的研究内容及特点

1.3.2.1 初步发展阶段（1999—2010年）

本阶段的非实证研究主要引介国外行动研究概念、特点、步骤、模式（李晓媛、俞理明，2007；田凤俊，2003），探讨或综述与本土英语课程/课堂的结合（彭金定，2000；阮全友等，2005；支永碧，2010），对比本土理论（行动教育）（支永碧，2008）等，探索我国高校英语教学行动研究的可行性、有效性，呼吁教师应用行动研究思想和方法，完善教育理论，提高教学质量，促进教师专业可持续发展。

本阶段的教学类实证研究主题涉及英语技能培养（方子纯，2006；郭尔平等，2002；郑敏、陈凤兰，2000）、专业课程改革（王丽娟，2009）和教/学模式优化或验证，如体验式教学（王丽娟，2009）、自主式和小组合作式学习（高鹏、张学忠，2005；王笃勤，2004）、以写促说模式（朱甫道，2007）等方面。研究基于整体语言教学观（朱甫道，2007）、言语行为理论（方子纯，2006）、"做中学"（王丽娟，2009）等理论基础。教师发展类实证研究涉及职前教师课程改革（王蔷，2001）和在职教师专业发展（黄景，1999）等主题。

本阶段是行动研究进入我国英语教育领域后的初步发展阶段。研究者边学习理论边尝试实践，充分领会并践行"教师即研究者"（Stenhouse，1975）和"做中学"的理念，是"实践的行动研究阶段"（王蔷、张虹，2014：17）。研究者初步意识到语言教学理论指导对行动研究的意义，更关注学习者认知能力，其整体教学观、合作意识和互联网应用意识开始萌芽。

1.3.2.2 加速发展阶段（2011—2022年）

本阶段的非实证研究包括行动研究元认知内涵探讨（王晓军，2012）、我国英语教学行动研究综述（李志雪，2015），以及行动研究和辩证研究范式在哲学基础、研究对象、研究目标和研究流程等方面的对比（文秋芳，2019）。研究兼顾纵向历时和横向共时的维度，为研究者分析具体研究方法，并从哲学高度做研究指引。

本阶段的教学实证研究主题增加学生思辨能力和跨文化能力（常晓梅、赵玉珊，2012；李莉文，2011；吴青，2012；杨华、李莉文，2017）等能力培养，以及多种教学模式应用，如多元反馈模式（陈功、宫明玉，2022）、"线上+线下"混合式教学（阮晓蕾、詹全旺，2021）、翻转课堂（王洪林，2015a，2017，2019）、内容与语言文化融合式（杨华、李莉文，2017；赵燚、向明友，2018）、基于问题/项目式（陈水平，2013；秦枫等，2013）、TRACK框架混合式（钟维，2014）、口头汇报教学（辛铜川，2013）以及会谈式反馈（王筱晶、郭乙瑶，2021）、深度交互式学习（王洪林，2021）、反思性跨文化教学（郑萱、李孟颖，2016）等。课程环境更为多样化，增加小品戏剧课（黄金葵，2014）、BTI文化翻译课（杨晓华，2012）、英语教学法（李新涛等，2015）等。研究者理论意识增强，理论基础覆盖多元读写（冯德正，2017）、深度学习（陈功、宫明玉，2022）、转化学习（郑萱、李孟颖，2016）、生态主义（王晓军、高新艳，2015）、学习者自主（林莉兰，2015）、支架理论（王筱晶、郭乙瑶，2021）、"信息差"（王志远 2015）等多学科领域；并可喜地涌现了"续理论"（周一书，2019）等我国本土教学理论。此外还有更多信息技术及互联网应用，如MOODLE 学习平台（王洪林，2021）、微群（钟维，2014）、百度贴吧网络论坛（石晓玲、吴淑君，2015）、Range 软件（黄金葵，2014）。教师发展类行动研究主题兼顾宏观的教学团队建设（王晓军、陆建茹，2014）和微观的教师反思能力培养（李新涛等，2015）。

本阶段是行动研究在我国加速发展的阶段，研究逐步向全面纵深发展，开始出现高产作者和多轮、多主题研究，走向"批判/解放的行动研究阶段"（王蔷、张虹，2014：19）。研究者反思性提升较大，但尚未成为"反思性实践者"（反思着眼于整个生活，不局限于教室和教学）(Schön, 1983)。研究者关注学生多项能力，全人教育意识、跨文化及本土化意识均有提升。

1.3.3 存在的问题

综上所述，我国高校英语教师行动研究已取得初步成果，研究主题、对象、理论依据和分析评价工具均有拓展，研究质量相应提升。研究数量曾在短期内骤增（2011—2017），2018 年后又急剧回落。这可能与当时频繁举办行动研究研修班有关。近两年研究势头回升，已有四篇优秀论文发表。为将我国高校英语教学行动研究推向新高度，有必要总结现有问题和不足，以利前行。笔者认为，问题主要体现在以下四个方面：

第一，研究数量不足，范围有限。从总量上看，56 篇论文与 2738 所普通高等学校（中华人民共和国教育部，2021）庞大的英语教师队伍相比，相差悬殊。从发文比例看，排名前二的期刊共发表行动研究论文 18 篇，占刊文总量（2760 篇）的比例微乎其微。CSSCI 文献中尚无行动研究专栏或专刊。从主题范围上看，研究者对教学评估方式以及教师自身专业发展关注不多，对中华文化国际传播能力、新兴信息科技、非主流类型院校（如民办高校、广播电视大学等）、农村地区英语教育等问题关注较少。

第二，研究问题不够明确，理论基础缺乏适切性。教师需要梳理教学实践中遇到的诸多问题，并聚焦于一个关键问题，而不是试图面面俱到 (Burns, 2011：37)。有些研究者罗列零散问题，缺乏分类、取舍和归因分析，且研究缺乏文献综述和理论基础。文献综述给研究者提供看问题的不同视角，帮助研究者掌握解决问题的手段，确定下一步行动方案（王蔷、张虹，2014：113）。行动研究的理论基础不是其范式本身，而是与研究问题相关的学科理论。以王艳艳、王勇（2013）的研究为例，作者列出了七个大学英语听力教学问题，如学生对听力课不感兴趣、课堂气氛沉闷、学习内容和教学方法陈旧、评估方式单一等，但未能分析问题间的关联，找到解决问题的切入点，导致研究缺乏相关文献综述和理论指导，只套用行动研究循环模式指导实践。其他研究也存在类似问题（郭尔平等，2002；王晓军、高新艳，2015；辛铜川，2013）。

第三，研究范式/方法使用不够规范。行动研究范式以实践为导向（陈向明，2008），可兼容多种研究方法解决实践问题，但与其他研究范式有本质不同。如传统的实验研究，遵循提出假设—验证假设的实证主义路径，研究者提出问题，教师通过教学实践解决实际问题，研究者与实践者分离，情境与现象分离，问题解决途径和研究结果具可复制性，崇尚"技术理性"；行动研究基于"反思理性"，提倡"教师作为研究者"，教师在真实的教育教学环境中提出研究问题，通过"计划、行动、观察和反思"的开放式循环，不断完善行动，开展实践和研究。二者的哲学基础、研究目的、路径和模式截然不同，但均通过行动改进教学，因而容易混淆，误导教学与研究。表 1.2 展示了行动研究与其他范式的混淆方式及表现。

表 1.2 行动研究与其他范式的混淆方式及表现

	混淆方式	混淆表现	代表研究
研究范式	实验—行动套娃式	实验组—改进教学模式的行动研究 对照组—传统模式	高鹏、张学忠，2005；林莉兰，2015；朱甫道，2007
	思辨—行动嵌套式	思辨研究—教师团队建设的元认知内涵行动研究—团队建设内容	王晓军、陆建茹，2014
	个案—行动并列式	行动研究与个案研究并存	王志远，2015
写作手法	理论抽象性强 行动研究性弱	主要总结课程群构建特性 弱化描述行动研究循环 效果检验与问题不对应	王晓军、高新艳，2015
	实验研究方式	按照研究设计、量化数据分析及结果呈现的方式写作，易误导读者为实验研究	王林海、孙宁，2010

第四，研究的反思性及循环性不足。行动研究是教师"有目的、有理据、有监控、有反思的行为"（文秋芳，2011：62），反思是关键。现有研究在行动前、中、后的反思均有待加强。有的研究（辛铜川，2013）在行动前调查和行动后反思中，逐一列举调查问题、回答及课堂观察日志，文章冗长，这说明教师对行动前的问题分析和行动后效果检验的反思均有待深入；另有研究（常晓梅、赵玉珊，2012；彭梅，2012）缺乏行动中反思，对方案的实施情况描述不足，导致方案调整不及时，影响研究效度和行动效果；还有研究（石晓玲、吴淑君，2015，邬易平，2019；郑敏、陈凤兰，2000；钟维，2014）仅反思实施效果或研究方法应用，未能提出下轮行动的改进方向，不符合行动研究提倡的不断反思、持续改进的特点。目前高产作者、多轮研究匮乏，不利于行动研究的推广和普及。

1.3.4 解决对策

以上问题需要多方合力，组建行动研究共同体来解决。可从两个方面考虑：一方面可拓展研究主题，扩大研究者群体，形成"高校英语教师+模式"。在研究主题方面，既可拓展高校英语教学主题，如英语教材的课堂使用与评估等，发出一线课堂声音，亦可融合新兴技术和其他学科，探索智慧课堂/课程/教室建设、中国文化的国际传播能力培养等前沿主题，以及民办高校、农村英语服务、农村大学生英语教育等非主流问题，重视描述和研究中国本土特色。

组建多种形式的共同体可扩大研究者群体，统称"高校英语教师+模式"，见表1.3。共同体开展行动研究可增强其有效性和创新性，"比单兵作战要强得多"（文秋芳、任庆梅，2010：80），是继"获得模式"和"参与模式"后的第三种教师学习"拓展模式"（陈向明等，2021）。

表 1.3 高校英语教师 + 模式（改编自郑金洲，1997）

共同体形式	成员	活动内容及角色
合作模式	教师和专家并重	教师和专家一起讨论教学问题、评估结果；专家为合作者

（待续）

(续表)

共同体形式	成员	活动内容及角色
支持模式	教师为主，专家为辅	教师决定研究问题、方案；专家为咨询者，帮助形成理论假设、完善计划及评价
独立模式	纯教师	批判性思考教育教学问题并采取改进措施
混合模式	教师和其他参与者互补	补充职前/中小学/其他学科教师、兼任学科/专业带头人的英语教师或行政管理者，多角度思考、研讨，集体反思

另一方面注重与本土实践结合，构建特色理论；坚定行动研究信念，加强反思性。

行动研究是理论与实践的桥梁（吴宗杰，1995），适切的理论是解决行动研究问题的基础。无论是"基于实践的理论""内容理论"还是"方法理论"（文秋芳，2019：391），它们都来自实践，又反哺实践，是确认核心问题、有理据地解决问题的重要基石。目前行动研究的理论探讨可沿着了解前沿动态、厘清范式异同、结合本土实践、构建具有中国特色的高校英语行动研究（微）理论的方向开展。研究者可通过学习相关文献（陈向明，2008；李小云等，2008；刘良华，2001；王蔷、张虹，2014；文秋芳，2019），辨明范式差异，开展规范研究；选择"切入点小、焦点清晰"的具体问题（文秋芳，2019：389），在"做中学"；单独撰写行动研究报告，不嵌套在其他研究中，避免混淆范式而误导读者。

文秋芳（2012：39）指出，研究者"需要有敬业精神和执著追求，面对自己的教学要勇于超越，不断前行"。笔者呼吁行动研究者坚定信念，不断改进课堂教学，解决教学难题；同时呼吁教育行政部门及管理者构建宽松、开放的行动研究环境，支持教师积极投身于改善教学的行动研究中。行动研究的核心是反思性。加强反思性，需要实践者敏锐感知实践，在情境中进行"回顾式"交谈，将反思结果转化为行动，保持二者的持续运动，检验出实践理论的弱点，探索有用的行动策略（陈向明，1999）。呼吁教师通过对话、研讨开展多维度批判性集体反思，如行动前确定亟待教学干预的、可解决的核心问题，不好解决、可过后解决、无须教学干预的问题先不予考虑（张文娟，2017）；行动中详细记录实施过程、深入分析,增加反思维度(如反思方式、习惯、信息技术应用等);行动后要检验问题是否已解决,行动者的意识和能力是否有所提高,实现求"真"更求"善"的目的(陈向明,2008)。期待涌现更多高产研究者,如王洪林(2015a,2015b,2017,2019,2021)、王晓军(2012,2014,2015),以及多轮深入研究,如文秋芳(2012)、钟维(2014)。

最后,呼吁各期刊开设高校英语教学行动研究专栏,[1]刊发符合该刊宗旨的行动研究论文;或创办中国英语教育行动研究专刊,推广行动研究范式,为英语教学行动研究者提供更多分享成果的平台,促进外语教育教学行动研究的长远发展。

1.4 小结

本章对行动研究的本质特征、外在特征、基本内涵和理念进行通俗易懂的介绍,并回顾我国高校英语教学行动研究文献。

首先,本章从一部电影的故事梗概引出行动研究作为一种社会实践的本质特征,其主观能动性和客观情境性是考察行动研究的两大切入点。其中,行动研究的主观能动性体现在其目的性、计划性和协调性三个方面,即行动研究通过系统的、可实施的方案解决旧有经验难以解决的难题,研究者在实施过程中须保持灵活度,随时调整认知和执行偏差,以实现预定目标。行动研究的客观情境性体现在现实性和历史性两方面特征。现实性特征要求我们坚持实证取向,厘清个人偏见;历史性特征要求我们对问题产生的原因进行严谨的考察和探究。

接着,本章指出行动研究的外在特征突出体现为"行动与研究双轨"和"循环的'轮'"。在外语教学行动研究中,"行动与研究双轨"中的"行动"即教学过程,包括教学设计、教学实施、教学评估三要素;"研究"指实证研究,包括研究设计、受试选择、工具设计、程序实施、数据分析五要素。二者的结合有两种模式,即行动嵌入研究和研究嵌入行动。另一个外在特征"循环的'轮'"

---

[1] 《中国外语教育》曾于2013年第4期开设行动研究专栏,其中论文可供参考。

指行动研究需要通过不止一轮的实践才能完成或取得阶段性成果。基于以上特征，我们对教学行动研究做出了相应的定义。

最后，本章回顾我国过去 20 余年高校英语教师行动研究的 CSSCI 外语类文献，梳理研究现状及现存问题，提出如下对策：倡导高校英语教师重视与本土实践结合，构建具有中国特色的英语行动研究（微）理论，坚定行动研究信念，加强反思性；同时，倡导教师拓展研究主题，扩大研究者群体，形成高校英语教师行动研究共同体，优化高校外语教育生态环境，促进高校外语教师行动研究焕发新生机，迎来新高潮。

第二章 行动研究的方法

本章重点介绍行动研究的方法。本章各节按照开展行动研究设计与实施的基本步骤来阐释具体操作及其原则，主要包括问题聚焦、方案设计、研究实施、效果评估、总结与提升五个主要阶段或步骤。整体行动研究的流程如图 2.1 所示。需要特别说明的是，行动研究的这些阶段或步骤只是一个研究循环内的过程，而在真正的高校外语教学行动研究实践中，往往需要开展多个循环来不断改进实践，即从问题聚焦到总结与提升后，会进入新一轮的问题聚焦，循序往复，不断提升。

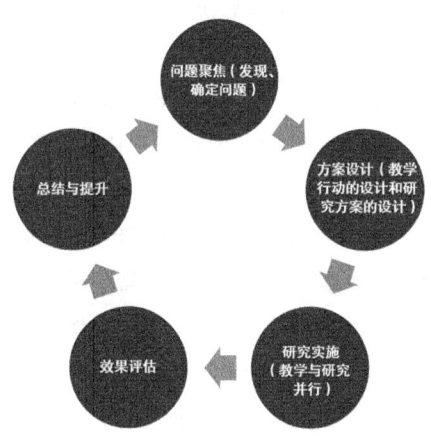

图 2.1 行动研究一个循环内的完整流程

2.1 问题的发现与确定

问题的发现与确定，关键在于选题。在开展行动研究的时候，首先需要确定问题，因此行动研究的选题根本上就是确定问题的过程。选什么样的问题，与这个问题的价值是密切关联的。换言之，我们在行动研究的过程中做选题，本质上就是选择一个有价值的问题来研究和解决。什么问题有价值？最重要的判断标准是什么？这需要回归到行动研究的根本意义上来考量。

行动研究和传统意义上的学术研究有很大的区别。我们可以从出发点、研究过程和最终的落脚点这三个方面来进行比较。首先是出发点。一般来说，学术研究的根本目的是创造知识。知识通常是以概念、理论等形式表现出来的对事物或者事物运动与发展规律的新认识。既然是创造知识，那么这种认识一定是新的，是前人所没有的，是对人类的认识或人类的社会实践有贡献的。因此，学术研究的出发点是创造概念性或理论化的知识，我们会以到底有没有知识创造，或者有没有新的知识贡献作为学术研究最根本的起点。但是行动研究是不同的，它根本的出发点并不是创造知识，或者说并不以创造概念性或理论化的知识为根本目的。行动研究的根本目的是解决实践中的问题。需要注意的是，我们要解决的问题，并不是一般性的问题，并不是所有的教学中存在的问题都可以或者都值得通过行动研究来解决。只有那些基于已有的个体或群体的经验所解决不了的问题，我们才需要或者说值得通过行动研究来加以解决。所以行动研究作为教学研究的一种，它的根本出发点是解决通过其他途径或方式可能很难解决的问题。在这一点上我们可以看到行动研究和学术研究的较大差异。

行动研究和学术研究在研究过程上也体现出不同的特点。对于学术研究来说，研究过程的科学严谨是一项最基本的规范性要求。科学严谨指的是在研究方法论和具体的研究方法的设计、运用、实施以及后续的数据分析或研究发现的整理上，应当符合方法论方面的要求，例如定量研究对样本数的要求、质性研究对研究对象选取的要求。这些方法论方面的要求相对来说都是比较严格的，有比较规范的操作性指引。当然，对行动研究来说，我们也应在力所能及的情况下，尽可能地开展规范、科学、严谨的研究操作。但是由于行动研究的出发点是解决教学中的实践问题或实际问题，因此我们更关注问题解决的过程是不是经济有效，也就是说最终我们还是希望能够把着眼点放在问题解决上。研究的过程实际上也就是促进问题解决的过程，所以研究过程是否经济有效，对行动研究具有更重要的意义。这是在研究过程上，传统意义上的学术研究与行动研究的区别（见表2.1）。与此同时，行动研究解决的是此时此地的问题，不强调解决问题的方案具有普适性，因此不需要对环境进行严格的控制，也不需要对研究对象进行严格的筛选。

表 2.1 行动研究与学术研究的区别

	研究目的	研究过程	研究结果
行动研究	直面问题解决，改善实践	方法的运用强调经济有效	教学实践得到改善
学术研究	根本指向创造概念性、理论化知识	方法的运用有严格标准与要求	建构理论

由于出发点和研究过程存在很大的差异，那么落脚点也一定会存在很大的差异。鉴于学术研究的出发点是创造知识，那么它的落脚点通常是建构理论，以理论或理论化的形式对所创造出来的知识进行表达和表述。对于行动研究来说，我们更关注我们需要解决的问题是否通过经济有效的研究过程得到了解决，即教学实践是否得到了改善，其"求善"取向是非常凸显的（陈向明，2008）。

综上所述，有价值的行动研究应当聚焦于我们在教学过程中不能或很难得到解决的实践问题。依据这样的判断标准，在选题的时候，我们就能够比较清楚、明确地判断和确定有价值的研究问题了。

但是，实践中存在的问题在初次或早期表现出来的时候，通常都会比较宽泛。因此，我们在研究的过程中还需要将这种比较宽泛的问题加以聚焦，使得一个有价值的问题能找到一个更好的解决它的抓手或突破口，即找到一个问题的聚焦点。确定问题的聚焦点，也是行动研究选题过程中需要特别注意的一个问题。聚焦问题常用的策略或者原则是，我们在行动研究的选题过程中要努力解决一个问题的一个方面，而不是在一次问题探索的过程中解决很多的问题。我们的实际教学肯定会涉及很多不同的问题表征和问题的不同方面，但是我们在做行动研究的过程中，应当将注意力聚焦在一个问题的一个方面，也就是我们要锚定主要问题，并且聚焦于主要问题的主要矛盾。例如，当我们发现学生对外语学习没有兴趣时，我们便需要探究这种学习状态背后的根源。学生究竟是因为觉得外语没有价值，还是因为基础薄弱跟不上而最终失去了信心？总之，我们不宜仅停留在对现象的关注上，更要探究背后的动因。

在选题的过程中，我们还要确定我们要解决的实践教学中的实际问题，最终落在哪个层面上，是宏观层面、中观层面还是微观层面。下面我们以一个具体的问题为例来说明如何设置问题所处的层面。一位年轻教师在教泛读课的时候,面临处理生词的问题,即应当在阅读活动的什么阶段处理生词。他查阅了很多文献,发现有些文献建议在阅读前处理生词,有些文献倡导在阅读的过程中结合语境处理生词,而有些文献却又建议在读后活动中进一步处理和夯实词汇学习。这位教师很困惑,面临着一个对他来说比较棘手的问题。如何在阅读活动中教生词便成了他需要开展行动研究来探索和解决的一个重要的问题。但探索这个问题,他可以在宏观、中观、微观三个不同的层面上开展工作。因此,他需要做一个决定,将这个问题设置在一个特定的层次。例如,如果设置在一个宏观的层面上,他可以探索一种有效的教学模式,来解决何时教生词的问题。不难想象,在这个层次上开展研究,最终的研究成果可能是一个相对来说具有概括性、普遍性、原则性和广泛适用性的教学模式。需要特别说明的是,我们通常并不建议在行动研究中把问题设置在这么宏观的层面上,因为一种概括性的对问题的分析和回应,实际上并不一定有利于我们直接、具体、有效地解决教学中的实际问题。所以,我们建议初学或初做行动研究的教师首先在一个比较微观的层面上设置或设计自己的选题。从一个微观的层面开展工作,我们或许可以以教材中的某一个单元或某一课为例,来具体地探索阅读活动中词汇教学的问题。当然,我们也可以在一个中观的层面上设置我们要解决的问题。例如,我们可以探索在生词较多的情况下,如何在阅读活动中处理生词。这样的研究问题或选题导向,实际上凸显了某一个类型的问题。由于凸显了一类问题,我们就需要通过若干案例来对这类问题进行探索。例如,我们可以尝试在不同的教学阶段,如课前、课中、课后来处理生词。也就是说,我们可以基于不同的学习阶段,分门别类地探讨处理生词的不同的经验或是不同的做法,最后归纳出生词较多的情况下在阅读活动中处理生词的一般性经验。但是这样的一般性经验又没有宏观到"探索一种有效的教学模式"那样抽象、概括。因此,将问题设置在一个比较中观的层面上,有助于行动研究的研究者开展比较系统且具有一定时间跨度的行动研究。

2.2 行动研究方案设计

在上一节里,我们重点讨论了如何做行动研究的选题,以及在选题的过程中需要注意哪些核心问题。在这一节中,我们将具体聚焦于如何做行动研究的研究设计。由于教学行动研究本质上是通过研究来改善教学的一种研究范式,所以在做研究设计的时候,第一,应当注重教学设计和研究设计的双线并轨,并且同时要注重研究设计和教学设计之间的相互关联。从根本上说,我们是要通过研究来解决教学问题,所以教学上的设计应当是主线,研究上的设计应当是配合教学设计而开展和进行的。

第二,在做行动研究的研究设计过程中,研究者往往也会表现出两种不同的取向。一种取向是问题解决的取向,也就是前文提出的旨在解决现实教学中的具体问题的取向。需要再次提示的是,这样的问题一定是通过其他方式难以解决的,如此才能真正构成问题解决取向的行动研究。另一种行动研究的取向是创新取向,其本质也是一种问题解决的取向,只不过我们关注的问题,并不是我们现实中正在发生的问题,而是我们预估将来可能会发生的问题。任何一种创新在本质上都是针对将来可能遇到的问题,都是通过提前解决将来的问题来达成的。总之,我们在做行动研究设计的时候,首先需要明确所做的这项行动研究究竟是问题解决取向还是创新取向,也就是究竟是解决当下的问题,还是带有一定预见性地解决将来的问题。例如,解决学生词汇学习效率低下问题的行动研究属于问题解决取向,而旨在帮助即将升入高年级的大学二年级学生做好课程衔接准备的行动研究,则在很大程度上具有创新取向。

第三,在做行动研究的研究设计过程中,不能首先就把教学怎么做、研究怎么做一类的具体的方案都预制好。这样是不可取的。但这的确也是做行动研究的过程中一个非常普遍、典型的误区。在做行动研究设计的时候,非常重要的一点是,我们首先需要通过一定的研究工作来界定问题。也就是说,研究设计的第一步是界定问题,而不是确定行动方案。界定问题对后续的教学和研究都会发挥至关重要的作用。这里有必要进一步阐述"界定问题"的准确含义是什么。界定问题并不是发现了一个问题,进而聚焦于这个问题,然后来解决它。我们一般所说的"发现问题",通常指的是问题的表象,而不是问题的原因。例如,学生背单词困难属于表象,而拼读能力薄弱或许才是真正的原因。

所以界定问题实质上并不只是发现问题,而是发现问题和对问题开展深入的分析,即发现问题和分析问题并举。只有经过一定的研究,对问题有了比较深入、系统、明确的分析后,我们实际上才会形成一个更加理性的解决问题的思路。因此,界定问题本身就需要先开展研究。也就是说,在行动研究的研究设计过程中,第一步应当是通过研究来界定问题,即通过研究来发现问题和分析问题,进而确定解决问题的思路。这一点是很多初做行动研究的教师们比较容易忽视的,因此特别有必要在此提请读者注意。

第四,既然行动研究是通过教学行动与教学研究来共同促进教学问题的解决,那么我们的行动研究设计就应当包括两条线索:一条是教学设计,一条是研究设计。教学设计实际上和我们日常的教学是完全吻合的。我们日常教学的时候会设计教学目标、教学活动、教学评价等,那么做行动研究的研究设计时,教学设计和一般的教学没有本质区别。但是,由于行动研究有一定的问题导向性,重在解决教学中存在的具体问题,因此在做行动研究设计时,教学设计的流程便需要特别突出这种问题解决的导向,即我们往往会比平常做一般的教学设计时更加注重每一个环节(如目标的设定、活动的设计、学习的测评等)如何更好地契合我们所要解决的问题。换言之,需要重点考虑教学设计和问题解决之间的关联。

除了教学设计这个流程以外,另一个流程就是研究设计。研究设计是配合教学过程的,旨在帮助我们更好地捕捉教学中发生的重要现象,帮助我们更好、更深入地理解我们在解决教学问题的过程中,究竟采用了什么样的方案,或者是什么样的教学行为导致了相应的教学结果。换言之,研究设计的重点是探索教学方案和行为与最终取得的教学成果或教学上不尽理想的结果之间,究竟存在什么样的关联。由此可见,行动研究的研究设计虽然也和一般性的研究非常相近,如研究工具的选择、研究过程的规划、数据收集的设计等;但是,在行动研究中,研究设计有它特定的焦点,即在考察教与学双方面的行为时,应更注重考察行为与教学结果之间可能存在的各种关联(包括因果关系)。从这一点上,我们可以看到研究设计这个流程和教学设计这个流程是非常相似的,即它们都更加注重观察、分析、解释、阐释我们所采取的行动与我们所要解决的问题之间的关系。因此,教学设计和研究设计虽然是两个流程,但本质上这两个流程是共同聚焦和面对同一个问题的。

第五，在行动研究的研究设计中，研究的轮或循环既有预设性又有生成性。每一个研究的循环，首先是为了解决特定的问题，因此一定具有预设性，即预期性和目的性；同时，在研究进程中，也常常会出现一些"意想不到"的情况和现象，这就需要教师及时分析、灵活应对，因此研究的循环也具有一定的生成性。一般来说，一项行动研究至少会包括两轮或两个循环。那么在设计第一个循环的时候，我们通常会预设在教学过程中会发生什么样的学习行为，或者在学生的学习过程中会发生什么样的困难，以及困难最有可能如何得到解决。但我们很难在做第一个循环的研究时，就能预测或者预设出在第二个循环或在后续的循环中，将会采用什么样的教学设计，会出现什么样的学习行为，会有怎样的学生成长。因此，这个循环发展的不同的轮，实际上既具有预设性，也具有生成性。

在我们即将启动研究的某一个循环前，我们通常还是可以基于现实问题的一些表征，结合我们的深入分析，对特定的问题及其解决的思路和方案形成一个基本的设定。也就是说，我们尚可以预设在即将发生的一个循环中可能会出现什么样的情况，或者说可能会取得什么样的成效。但是在即将发生的循环之后的循环，我们就很难做出这样的设计了。所以，后续循环的设计仍需要基于前一个循环所取得的成果，再进一步生成特定的设计。另外，我们不论怎么设计，怎么做相应的预测，我们都有个人和群体的主观局限性——来自个体的经验，以及来自我们所处的前一个教师共同体的群体经验，它们固然是集体的智慧，实际上也是有局限性的。所以我们很难在即将发生的这一个循环中完全、完整地预设教学和研究的过程。恰恰也是出于这样的原因，即便是在一个已经做过预设的循环中，我们也要保持比较开放的思维状态，以便能够在某个循环的实施过程中更好地注意到生成性的问题。例如，在教学过程中，有些问题可能我们在之前的预设中尚未预测到，但我们临场做了一些应变，使得它迎刃而解；当然，我们没有预估到的一些问题，也很可能会忽然发生，进而对教学产生重要影响。因此，我们需要保持一个比较开放的心态来理解、探究某一个特定循环中可预设和不可预设或难以预设的问题。总之，循环间和循环内都既有预设性，也有生成性。

综上所述，在行动研究的设计中，总的原则是要在行动中研究，用研究促成行动。把握好这一总体原则，不论是问题解决取向的行动研究，还是创新取向的行动研究,我们都能更好地围绕要解决的具体问题,对它开展深入、系统、明确的研究后,进而设计行动为主、研究为辅的两条并行线索,且双线并举地侧重具体问题的解决。行动研究的设计同时还体现了各个循环预设性和生成性的交织特点,在预设和生成并存的过程中,我们发现问题,开展教学,解决问题,最终达成师生共同提升的根本目标。

2.3 行动研究的实施

做好行动研究的研究设计之后,就要启动教学和研究两条线索的行动研究实施。行动研究实施的过程本质上就是教学设计实施的过程,只不过在教学实施的过程中,还要同步开展相应的研究而已,如采集必要的数据,并对数据进行分析,以基于学生的学习过程探究我们预期要解决的问题是否得到了解决,并在问题解决之后进行反思,汲取经验。当然,如果问题没有得到解决,我们同样也要进行反思,以进一步探究不成功的原因,并汲取教训。可见,行动研究的实施本质上就是针对某个特定问题解决的教学实施的过程,同时也是同步开展相应研究以便促进教学问题解决的研究设计实施的过程。

在行动研究的实施过程中,有三个要点需要特别加以注意。第一,在数据收集的过程中,需要提升自己作为行动研究者的数据意识。在一般的学术研究过程中,我们会设计数据收集方法。数据收集方法一般来讲比较客观,也就是说,用不同的工具来采集不同的数据,需要遵循一定的客观规律和方法论要求。但行动研究的数据收集,除了要遵循比较系统、规范的科学数据收集方法外,还应当特别注意提升个人的数据意识,以采集到设计方案之外的其他数据。在上一小节里,我们提到行动研究的设计不只具有预设性,同时也具有生成性。在数据收集方面,行动研究也具有一般意义上的学术研究通常所不具备的生成性。一般的学术研究往往会严格按照研究设计中的数据收集方法和方案来收集数据,严格遵循规范与指引,按部就班地实施数据收集工作。由于行动研究具有明显的生成性,因此就需要特别关注那些具有生成性特点的数据,即未预估到但却在研究的过程中涌现出来的数据。这就需要我们具备比较强的数据意识,以便能够更好地关注或观察到这种生成性数据。换言之,对于没有列入数据收集方案中的一些数据,我们也应加以注意,并时刻辨别它们对研究的有用性。因此,只有具备了这样的数据意识,我们才能更好地应对其生成性所带来的数据的生成性特点,捕捉到涌现出来的一些"意想不到"的数据。为了应对这样的情形,数据意识有时可能比数据收集方法本身的设计或实施更加重要。

举例来说,假设我们在教授学生一门写作课,那么学生会产出一些写作的文本。学生的作业文本可能就属于这种涌现出来的数据,大家需要留意把它们保存好。在学生知情并同意的前提下,我们可以采用拍照、扫描等各种各样的方式把它们保存起来。虽然最后它们可能不一定真能用得上,但是万一我们对教学问题和教学过程进行分析的时候需要这样的数据,如果之前没有保存,那么恐怕就没有办法补救了。因此,大家需要经常性地提醒自己,有些数据可以比较便利地保存下来,以备不时之需。再如,我们有的时候还需要特别关注在非正式情境下和学生发生的一些谈话和交流。学生有的时候在课间或课后会非正式地向教师提出一些问题,如果我们数据意识比较强,那么通常我们在和学生讨论之后会尽快做一个备忘,把学生提的问题和我们的回复,以及学生后续的一些反应,做一个简单的记录。这些记录都是一种教学备忘,这种备忘最后可能在综合分析行动研究的成果的时候,会变得格外重要。

第二,需要特别注意的是,要注重对整个教学过程进行比较详细的记录。前面已经提到,我们需要通过各种各样的方式和手段,尽可能及时地对发生过的师生之间的互动、讨论、共同学习等过程加以记录。与此同时,记录之后并不只是留存而已,还需要及时进行反思。对教学而言,有的时候产生一个不良的教学结果的原因,或许并不是整个教学体系都存在问题,而是教学存在一些细节问题。因此,如果我们对一些细节及时加以关注,及时加以反思,并且做出相应的调整,那么很可能就能实质性地从细节入手提升教学和改进教学,避免很多问题的发生。因此,做及时的反思,对教学问题保持高度的敏感,保持一个比较活跃的思维状态,对行动研究的研究者来说也是至关重要的。我们解决教学中存在的问题,根本上也都是通过教学过程来解决的,而不总是在教学过程中先收集各种数据,然后等教学过程结束之后,再总体上回顾、分析和讨论,之后再在下一轮教学中采用新的教学方法以改进教学。教学问题的解决既有事后解决的情形,也有实时解决的情形。

行动研究的特点之一就是它的循环性，即从一个循环到另一个循环推进、发展，既体现出不同循环之间的进阶性，也体现出各个循环自身的阶段性特点。各个循环自身的阶段性特点往往体现为不同循环所聚焦的问题或问题的方面是不同的。因此，在某一循环的教学过程中，教师应当更加注重对教学具体问题的重要细节多一些理解，多一些观察，多一些分析，也多一些及时的反思和迅速的改进。这些循环内部的阶段性的改进也极有可能对整个研究的进程及其全貌带来至关重要的影响。所以，我们需要在行动研究的实施过程中尽可能做详细的过程记录，并开展及时的反思，尤其要更加关注一些教学的细节，而不能单纯地依赖一个循环到另一个循环之间的这种循序往复，或是依赖循环间的阶段性改变。真正的教学改进既有阶段性的侧重差异，也有一点一滴中开展的行动和反思，而后者同样可能发挥至关重要的作用，有的时候甚至会发挥决定性的作用。

第三，在实施行动研究的过程中，要注重团队合作和协作的重要性。教学往往发生在我们所处的教学体系中，我们作为教师其实并不是单枪匹马地开展教学工作，而通常都是在以教研组或教研室为组织形式的专业共同体中来开展教学工作的。因此，解决教学问题往往也不是单纯属于某个教师个体的一种独立性工作。那么，我们在开展行动研究的过程中，虽然最终是要依靠自己的个人努力来帮助学生解决学习问题并且获得学习收获，但是我们对教学问题本身所开展的研究和研讨，实际上更多地会发生在一个团体中。因此，如何和团体中的其他教师合作，或者在一定程度上或层面上与他人协作，就显得非常重要了。

当然，需要特别提示的是，与他人合作和协作，并不等于说仅仅是和其他教师分工完成某项教学任务。这是我们对合作和协作的一种认识上的误区。有时候，我们会错误地认为合作和协作就是将一个任务分给不同的人，之后大家各自完成自己分到的部分，最后再把每个人的局部成果拼接在一起，这样就完成了最终的成果。我们需要认识到，教学问题的解决并不是修一条公路，引入不同的施工队，大家分别完成自己在不同路段的工作即可。教学是一项一体化的、以问题为导向的工作，而不是分割性的、以工作量为导向的工作。因此，在教学研究中，尤其是在行动研究这种以解决教学实际问题为根本导向的研究中，合作和协作本质上并不是分担任务，不是划定一个教学工作总量然后将总量分给不同的人来完成。教学中的团队合作和协作更注重大家一起分析、交流、研讨在教学中发现的问题以及解决这个问题的思路和方案。不同的教师在自己的班级教学中,基于各自不同的学情,都有自己非常宝贵且很可能与其他人并不一样的教学经验,因此合作和协作是一种互通有无、相互启发、共建知识体系的学习过程。所以,我们这里提到的这种合作和协作,更强调对问题及其解决方案的深入交流,以及个体化经验在一个共同体中进行分享和相互吸纳的过程。这样的过程最终能使得不同的个体经验慢慢形成一种集体经验,这才是行动研究的过程中团队合作和协作的本质特征。

2.4 效果评估与反思

效果评估与反思是行动研究中的关键环节,贯穿整个行动研究过程。上一节讲到的数据收集,在很大程度上是为了做好效果评估。本小节着重讨论行动研究效果评估的目的、标准和手段,反思的内容、阶段、层次、视角、方法等内容。效果评估与反思都围绕行动研究聚焦的问题来进行。

2.4.1 效果评估

2.4.1.1 效果评估的目的和标准

行动研究的效果评估旨在检验行动计划和实施环节的效果,评估"行动方案是否达到了预期目的",从而进行"实践的改进";同时也要确保这种改进没有引起预期之外的消极作用,真正达到积极、正面的效果(Altrichter et al., 1993: 168)。需要说明的一点是,也正是因为效果评估具有这样的目的和标准,所以它并不仅发生在计划实施环节之后,而且发生于每个环节之中。

首先,在问题聚焦阶段,教师对自己的教学情境评估后,找出教学问题,提出假设,确定研究问题。这种评估可称为"行动前评估"或"预测式评估"。

其次,在研究实施阶段,教师用科学的方法及时对研究实施的每个环节进行检验评估,判断研究是否需要调整以及怎样调整。这种评估可称为"行动中评估"或"分项式评估"。

最后，在总结与提升阶段，教师将整个阶段的行动及研究进行总结，判断这一阶段的总目标及分目标是否达到，达到及未达到的分别是哪些，程度如何。这是为下一个行动研究循环的开始创造科学的依据。这种评估可称为"行动后评估"或"整体式评估"。

2.4.1.2 效果评估的手段

在评估阶段，研究者需要通过多种信效度较高的科学研究手段来评价行动研究的有效性，判断这一轮行动研究是否达到预期效果以及达到的程度。

与一般应用研究相同的是，行动研究也可以使用质性数据分析和量化数据分析方法，对研究数据进行科学分析，从而得出科学的评估结果。常用的质性分析工具有范畴化与课堂话语分析（Burns, 2011）。范畴化指研究者将收集到的研究数据反复阅读，深度解读，使相关研究问题的主题即范畴"涌现"。这里的数据可以是访谈记录、开放式问卷、观察记录、多形式交流记录等（数据举例见本章后附录，附录1为访谈记录片段，附录2为开放式问卷，附录3为课堂观察记录）。课堂话语分析则多指对课堂录像或录音数据进行基于研究问题的分析。常用的量化分析可采用描述性统计的集中或离散趋势进行分析（文秋芳，2011）。

与一般应用研究不同的是，评价行动研究更多地考察研究结论的准确性及可靠性。行动研究数据分析具有动态性、循环性和往复性。行动研究数据分析始于行动研究的问题聚焦阶段。只有对显现的教与学的问题有所观察并初步收集数据，才能进行一定的分析，从而聚焦研究问题。随后的方案设计、研究实施、效果评估与反思等各个阶段，都伴随着不同程度的数据分析。同时，行动研究的行动和研究并不是线性单向进行的，而是根据行动和研究的具体情况，会在某个阶段返回上一阶段或其他阶段，从而更有利于行动或研究的进行。

2.4.2 反思

教学行动研究是一种运用科学方法解决课程问题和系统性的自我反省研

究，研究者是这种批判性反省探究过程和结果的主人（Mckernan, 1987）。行动研究的反思是教师为了解决教学中的某个问题而设计并实施教学改进行动，教师对这些行动背后的理论、行动过程及行动效果进行的深入、持续、旨在自我调节的思考过程。反思渗透于行动研究的每个环节，也具有动态性、循环性和往复性。反思内容的深度和广度、反思层次的丰富性、反思视角的多样性等因素，对行动研究的效果有着巨大的影响。行动研究的反思须围绕聚焦的研究问题来进行，不可偏离。

2.4.2.1 反思的内容

反思的内容并非越多越好，范围也并不是越广越好。反思的内容需要紧密围绕本阶段聚焦的教学问题而进行。

1) 问题与设计

行动研究就是一个发现问题—解决问题—发现新问题的循环。聚焦的教学问题需要以明确的方式呈现，教师应对教学问题的形成过程、可能的影响、问题的性质等方面有清晰界定。同时，行动研究一轮聚焦的研究问题应具有适度性和可操作性。当教师聚焦的问题过于宽泛，如怎样提高英语专业本科生的听力能力，这时可以尝试将其分解为几个子问题，分几轮行动研究分别解决，并依据自己的教学环境和学生状况等教学现实，安排子问题的解决顺序。当聚焦的问题过于细碎，如怎样纠正粤方言地区英语学习者的某些顽固性发音问题，这时可尝试将其合并为某类语音问题。

反思聚焦的问题是否明确和适度后，研究者还要反思行动方案所依据的教学理念或理论与实际操作方案之间的契合度，如教师的教学环境（如本土政策、人文环境、硬件设施等）、使用教材的适合度、学生语言水平、接受程度、生源背景、教师自身的教学理念、专业水平、专业背景等因素是否影响理论的实际应用，这将直接影响行动方案实施的效果。行动研究与一般应用研究最大的不同在于，行动研究从具体教学问题出发，结合理论，通过教学行动解决问题。这样的研究直接以教学实践为出发点，而不是为了应用某个理论而设计的教学实验。

2) 实施与成效

研究者对行动研究方案的设计反思还体现在对方案实施的反思上。教师要详细查看记录，反思行动方案是否严格按照计划实施。为了排除方案实施过程中的疏漏，研究者可以继续反思是否有设计之外的因素影响行动效果，如自然环境条件（如是否有恶劣天气）、政策变动（如对某项技能的政策倾斜）或计划外活动（如与问题相关的讲座或参观）、师生或学生关系变化、教师情况变化等因素。

研究者对行动研究效果的反思主要在于研究是否提高了学生的学习效果，即聚焦问题是否得到解决，或部分解决，未能解决的部分原因是什么，可否进行下一轮行动研究，等等。同时，要反观教师自身是否能够从本轮行动研究中提升教学观察、设计、评价、反馈及反思能力，更新教学理念，逐步自我完善。

3）手段与数据

研究者要反思行动研究的数据收集手段是否足够丰富，是否能够对研究结果从多角度进行三角验证。行动研究常使用观察、访谈、问卷、口头报告、个案研究、教学日志等手段收集大量相关研究数据。同时，根据行动研究的规模和情境，研究者要反思收集的数据是否足够详尽和准确，能否解决实际的教学问题，以及在多大程度上解决问题。

4）信度与效度

行动研究讲求研究的可靠性和可信度。因而，反思的内容还应包括研究所收集的资料是否准确无误，且与研究问题相关，否则可靠性会受到影响。研究的三角验证结果应有很高的一致性，确保可信度。

5）教学伦理

教学伦理问题也是反思不能忽视的内容。研究者需要思考每轮行动方案是否涉及学生平等问题，是否会对学生的情感态度和终身发展产生影响，是否产生师生关系的变化，是否有违教师职业道德，等等。

2.4.2.2 反思的阶段和层次

行动研究的反思，按行动研究阶段可分为行动前反思、行动中反思和行动后反思，或分别称作为实践（教学）的反思、实践（教学）中的反思和对实践（教学）的反思（Reagan et al., 2000）。行动前反思具有前瞻性，能够培养教师的教学自主性和分析预测能力；行动中反思具有监控性，能够培养教师对自身教学行为的同步监控和协调能力，提升教师的元思维能力；行动后反思具有总结性，能够培养教师对教学实践的总结提炼能力和评价能力。

反思层次从另一个维度看待教学反思。教师在反思过程中，可从思考具体的教学内容和方法等技术性问题，逐步关注师生互动、学生互动、教学与环境互动等较为复杂的人际交互问题，再到更高层次的教育参与者（学习者、教师、管理者等）的发展问题，以及教育的本质与价值等关乎人类命运的问题。

2.4.2.3 反思的视角

行动研究由教师一人完成，因而反思的视角可以是教师自身，如可以反思此次行动研究中自己的教学理念、教学态度、对学生的了解、专业知识等教学方面的收获；也可以反思教师作为一个人的成长，是否发现了更好的自己，是否坚定或改变了人生信念，是否改变了对世界的看法等。

反思的视角还可以换作其他参与教学的人，如学生：我从中学到了什么课程知识、生活知识及学习方法，它们对我的世界观、人生观和价值观是否有影响等。其他的视角也可以是社会政治和经济环境。

2.4.2.4 反思的方法

在行动研究中，较为常见的反思方法为日志反思法，即教师针对目前开展的行动研究，在各个环节进行过程中，根据以上提及的反思内容、层次和视角及时记录行动研究日志，开展行动研究反思。

从形式来看，反思日志可分为随笔式反思日志、案例式反思日志和主题式反思日志。随笔式反思日志的形式和内容较为自由，可以记录课堂教学流程、课堂教学困惑、特别的学生反应、教师的教学感悟等。案例式反思主要指对引起教师注意的教学事件的反思，教师须详尽记录并描述事件的发生过程，思考事件中相关要素对研究问题的作用。主题式反思是教师记录的在教学活动或事件中产生的与某主题相关的感悟，此类反思日志对行动研究的反思及调整环节有直接帮助。现将三类反思日志片段举例如下。

随笔式反思日志：

我记得，曾经有个老师，在他的课堂上，学生的学习劲头非常高涨。其中当然有很多因素。但我记得他说过，他的课堂就像一个zoo，每个人的个性被释放，但又乱中有序。口头报告形式的多样化可以更有效地引导学生扬长避短，依据个人的意愿和特点，选择他们所感兴趣的内容和形式，外加老师适当的要求和指导，效果一定会更好。口头报告的最终目的是促进学生熟练运用所学语言知识，提高语言交流的技能。有句谚语用在英语教学上我觉得比较合适，即"The end justifies the means."。这并不是说为了达到目的可以不择手段。但是，不管黑猫白猫，抓到耗子就是好猫。一种教学模式只要能够更加多样化，能够更有效地提高学生运用语言的实际能力，就是可取的教学方法。

案例式反思日志：

9月20日，上课的时候，我让学生进行小组讨论，多给他们时间准备，要求他们在赏析完一部电影后回答如下问题：

Note down the lines that impressed you most.

What's the aspect you hate about the film?

Which scene lingers in your mind after you finish part of the film?

Could such genre interest you? Why / Why not?

Discuss in groups and share with us.

这只是很浅层、主观性很强的电影感悟分享而已。备课时，我想，这么具体的问题，这次肯定能答上来了吧。上课情况是，八分钟讨论后，首先，我让每组回答所有问题，每个人都起来说两句。学生表情尴尬，组织语句很艰难，很花时间。改变策略，一组随机问两三个问题，没反应。再变，一组只问一个问题，还是支支吾吾，很小声。（我的内心很困惑：你们不是讨论过了吗，怎么还是这种结果？）

学生们讨论时，可能有一些想法。我观察到一些学生主动用手机搜词汇，以备被老师点名站起来没话说。一些学生知道怎么说，但是把回答的"锅"推给其他同学，自己不主动说。对此，除了我的问题不好，缺乏针对性，学生自己也该反思反思。我认为他们有几个问题：

不明白小组讨论的意义。站起来的代表，不是发表自己的看法，而是要集合所有人的看法。

没有意识到参与课堂的重要性，没有形成积极回答问题的习惯，能不说就不说。

英语基础、口语表达薄弱。不敢说，不愿说，缺乏自信，除了整体氛围和习惯使然，他们也不知道怎么说。扎实的基础，是其他课积累起来的。我的这节电影赏析课，短时间内让他们讨论和表达，是展现他们积累的场合。

对此，我更有种使命感，刚开始带 2019 级商英，在塑形阶段帮助他们打好基础，形成良好的学习氛围和习惯，就算没有答案，也能淡定从容地分享自己的想法。

主题式反思日志：

教师点评的难度

若只是根据一个 presentation 打出分数还是很容易的，难在给出一个具有深度的、令人心悦诚服的点评。如果老师只给出一两句无关痛痒的点评，学生也看得出老师在敷衍了事，他们的积极性也会因此而受到影响。所以，要求老师事先要做足功课，提前知道学生 presentation 的内容。在学生准备过程中给予指导是很必要的。

点评可以有很多个角度。(1) 从 presentation 的内容结构上评价。看主题是否明确，信息量是否充足，是否具有说服力和逻辑性，条理是否清晰等。(2) 从 presenter 的语音语调上评价。看发音是否准确，语调是否优美，声音是否清晰响亮以及有无语法错误等。(3) 从学生的 PPT 以及其他辅助工具上评价。有些学生做 presentation 特别上心，PPT 做得很漂亮或很有特色，有些学生还演示了其他物件，都可以加以表扬或给出改进意见。(4) 从仪态上给出评价。点评学生的肢体语言，以及看他/她是否与听众有交流，如提出问题后的停顿、眼神的对视，等等。(5) 点评学生回答 judge 的问题。也可以点评 judge 的问题本身，看回答得好不好，或问得好不好。(6) 引申性思考。老师对 presentation 提出的问题进行思考，把内容进一步深化，让学生学到课本之外的知识。例如，学生在谈中美物价比较时，得出中国物价比美国高的结论，教师就可以问学生为什么会这样，或者事实是不是这样，并谈谈自己的观点。若时间充裕，还可以组织学生进行辩论。

还有一类日志可称为口头日志。当教师来不及做详细记录时，为避免遗忘，教师可先用录音笔或手机等电子录音设备记录自己的口述内容，之后再进行转写工作。

2.5 总结与提升

在全部研究完成之后，研究者要对整个行动研究工作进行总结。研究者应本着客观、严谨、求实的态度，将整个研究成果总结、凝练为研究报告或论文。本小节将讨论行动研究成果总结的意义、主要内容及注意事项。

2.5.1 总结的意义

行动研究虽然具有循环往复性，可以永不停止，但研究者需要将研究成果以报告或论文的形式系统科学地呈现出来。否则，研究者所做的工作只能停留在行动片段加反思片段的阶段，不能称为研究。同理，设计和实施行动研究的教师也只能是行动者＋记录者＋反思者，不能称为研究者。将行动研究总结成文，对研究者自身、同行教师及教师教育者和管理者都多有益处。

2.5.1.1 研究者自身

总结行动研究、撰写报告，并不是记流水账式地记录行动研究过程，而是一个与实施行动方案完全不同的思维过程。在行动阶段，研究者从实际问题出发，自下而上地让规律涌现；而在总结阶段，研究者从研究全局和整体过程出发，在全面的背景介绍之后，自上而下地系统概括理论在实践中的应用，凝练研究要点和亮点。因此，研究者自身可以通过撰写行动研究报告提升总结概括能力和反思能力。同时，行动研究本身就是教师对自己的教学实践和教学效果进行深入分析和反思的过程。撰写行动研究报告促使教师不仅对行动研究本身进行更为深入的反思，而且可以将本次行动研究纳入自身专业发展的整个进程当中，使其成为促进自身专业提升的有效途径。

2.5.1.2 同行教师

教师将行动研究成果与同行教师进行分享，旨在宣传、推广优秀的课堂教学或课程建设的方法、模式，或提升教师专业发展的有效途径，使更多的师生及学校受益，使研究成果的效益最大化。因此，教师研究者总结研究成果、撰写论文或专著时，要做到"读者友好"，要写明该研究的推广价值，写明自己在该研究中的成长及获得的启示，写明对想要做类似研究的教师研究者的忠告，使其避免重蹈覆辙；当然也要写明研究的不足以及对未来研究的展望，方便后继研究者做出进一步的探索。

2.5.1.3 教师教育者和管理者

教师研究者的行动研究成果还会受到教师教育者和管理者关注。因此，教师研究者还要有这二者的视角，要将教学行动研究中自下而上发现的实际问题、解决步骤，以及本次行动研究中悬而未决的问题和研究过程中的漏洞及不足详述清楚，使教师教育者和各级管理者真实有效地了解到教师在课堂教学、课程建设及自身专业发展中的困惑，以便在教师培训或规模性推广过程中切中关键。如果研究涉及相关教育政策，更应讲明该研究涉及政策的明确表述及改进建议，以便政策制定者有的放矢地进行处理，促进高校外语教育教学的进一步发展。

2.5.2 总结的内容

行动研究总结可包含实验研究报告、调查研究报告、案例研究报告、专题经验总结及口头分享报告等类型。口头分享报告没有统一模式，须依据分享会具体情境安排内容来定，因此不属于本小节讨论内容。本小节从整体角度，重点关注撰写成论文并发表的行动研究总结内容。行动研究论文包括前辅文、引言、正文、结论与反思、参考文献等部分。

2.5.2.1 前辅文

行动研究论文的前辅文包括论文题目、论文摘要与关键词。其中论文题目要包含整个行动研究的重要信息，说明研究要解决的问题，反映研究的本质和主题，简洁但不可丢失重要信息。

论文摘要对整体研究进行概括描述，涵盖研究的核心内容，包括研究目的、行动研究方案、主要研究过程及发现等，突出研究亮点，指明研究问题，信息充分，要让没做过此类研究的人明白该如何做，不包含不相关内容。

关键词只包含直接相关的词语，去掉过于概括的词语。

2.5.2.2 引言

引言部分主要包括行动研究的缘起或背景信息、研究目的以及研究意义。与一般实证研究不同，行动研究引言的背景信息需要涉及详细的教材信息、教学改革信息或学生信息，告知读者准确的教学环境及教学问题背景，为接下来的问题分析和行动方案设计做好铺垫。

2.5.2.3 正文

正文部分是论文的主体部分，包括行动研究的一个或多个阶段的内容总结。就一个研究阶段来说，主要内容可包括如下方面：

（1）承接引言部分，清晰描述行动研究初步关注的问题，分析其产生原因；

（2）初步观察或调查，评估调查结果，明确研究问题，论证其研究意义；
（3）依据相关专业或教学理论，设计行动研究具体方案和计划；
（4）围绕研究问题，详略得当记录方案实施、数据收集及分析过程；
（5）根据行动研究效果评估和反思，记录做出的相应调整。

2.5.2.4 结论与反思、参考文献

结论与反思部分应总结该阶段行动研究，包括研究结论及价值，分享研究对自己的启示，不仅汇报已解决的问题，更要反思尚未解决及新发现的问题，对其他研究者的忠告，反思研究带来的收获、不足以及下一阶段研究展望。最后一部分是参考文献，应按照投稿期刊的参考文献格式做相应调整。

2.5.3 注意事项

除以上部分之外，撰写行动研究论文时还应注意以下几点。

1）框架和要点

针对某些教师对写作有恐惧心理，首先列出文章的框架和要点尤为重要。有些教师对自己的教学非常有热情，对学生的学习也非常负责，不仅善于发现教学中的问题，也积极设计和实施行动研究方案并经常改进教学；只是一提到将行动研究撰写成文，达到发表的水平，就心生恐惧，不愿提笔。因而，可以在写作之前先列出文章框架，即问题—原因—计划—实施—效果—反思，作为一个简单易行的开始。接着可以在每个标题下面列出具体要点，慢慢填充详细信息。如此写作还可以避免遗漏或冗余。

2）感性描述和学术良心

行动研究所涉及的师生访谈数据及教师反思数据等感性描述性文字，在学术性论文中通常不被接受；但在行动研究中，这样的描述更能体现教师研究者的研究特色。需要注意的是，研究者在呈现访谈或反思数据时要实事求是，有学术良心，不能编造想象，或挑选少数符合研究问题的数据，而忽略大量与研究问题相冲突的数据。研究者可以选择表达通畅的数据，省略与研究问题不冲突但表达不够通畅的数据。

3）一轮一个问题

行动研究论文中描述的几个阶段或者一个阶段的几个环节，都应围绕一条主要的故事线写作，而不应同时存在多个研究中心。也就是说，每一轮的行动研究要集中解决一个微观问题，几轮下来可以将问题集中为一个较为宏观的问题。

4）文献回顾

如果只是记录行动研究的过程，则论文的学术性、系统性和凝练度不足以达到发表的水平，也无法改进教师的个体教学普惠同行教师，更不能使研究成果意义最大化。因此，在撰写论文的过程中，教师应阅读一定量的高水平文献，与以往文献的对话可以贯穿整篇论文，充实、丰富论文内容并加强论文的深度。

5）与人交流

在撰写论文的过程中及完成论文初稿后，还要加强与有经验的老教师或同行教师的交流。将论文的主要内容与同行教师讨论，可以帮助教师厘清写作思路，可以从读者的反馈中反观写作中的模糊表达或逻辑混乱之处，可以从读者的需求角度解决内容取舍及背景杂乱等难题，使论文做到读者友好。

2.6 小结

本章主要介绍行动研究的具体操作方法，按照步骤顺序包括问题聚焦、方案设计、研究实施、效果评估与反思、总结与提升等五个主要阶段。

首先是发现和确定问题，即选题。要判断行动研究选题的价值，需要首先明确教学行动研究与传统学术研究有本质不同。传统学术研究以创造知识为目的，因而要求科学严谨的研究过程，最终构建理论；而教学行动研究以解决教学实践中的具体问题为目的，因而要保证其研究过程经济有效，最终改善教学实践。所以，有价值的行动研究选题应当聚焦于教学过程中难以解决的实际问题，并在该问题的微观或中观层面设置研究问题。

其次是行动研究方案的设计。总体原则是要在行动中研究，用研究促进行动。教学设计和研究设计双线并轨、相互关联。行动研究者要明确自己的研究是旨在解决当下问题（问题解决取向）还是解决未来问题（创新取向）。同时，研究者要通过研究发现问题、分析问题、界定问题，再进行具体方案的设计。具体方案中的教学设计要重点考虑教学问题的解决，方案的研究设计更要注意教学行为与结果的关联。最后，注意方案设计要体现出行动研究的循环具有预设性和生成性，二者相辅相成，交织并存，促进教学。

在行动研究的实施过程中，数据意识、详细记录、团队合作和协作是特别要注意的三点。行动研究者除遵循系统规范的数据收集方法外，还要特别注意收集那些意外涌现的数据，如学生写作文本、课后师生谈话等教学备忘，有助于分析和生成行动研究成果。同时，要详细记录教学过程并及时反思，关注实时或事后解决教学问题的各个细节，助力行动研究不断循环、不断进阶。最后要注意的是，行动研究切忌独立作战、拼接成果。虽然行动研究最终需要教师个人帮助学生解决学习问题，但教学问题需要教师团体共同分析讨论，通过互通有无、知识共建的教师合作和协作才能解决。

效果评估与反思是行动研究的关键环节。效果评估旨在检验和评估行动方案和实施是否达到积极、正面的效果，发生在行动研究各个环节，即行动前、中、后评估。评估手段可使用质性数据分析（如范畴化与课堂话语分析）和量化数据分析（如描述性统计的集中或离散趋势分析）。评价行动研究主要考察研究结论的准确性及可靠性。反思是教师以自我调节为目的，对教学行动背后的理论、行动过程及效果进行深入、持久的思考过程。反思内容包括行动研究问题的明确适度、方案设计理念与实操的契合度、实施过程与成效、数据的翔实度、收集手段的丰富度、研究信效度及教学伦理等方面。反思按行动研究阶段可分为行动前、中、后反思，分别具有前瞻性、监控性和总结性；按层次可分为具体教学技术的微观问题、复杂人际交互的中观问题和关乎人类命运的宏观问题。反思可以是教师个人视角、学生学习视角及社会政治或经济环境视角。反思通常借助日志记录，可分为随笔式反思日志、案例式反思日志和主题式反思日志。

最后，研究者要对整个行动研究进行总结，以报告或论文的形式系统科学地呈现行动研究，使研究者自身、同行教师、教师教育者和管理者在不同方面受益。行动研究总结可分为实验研究报告、调查研究报告、案例研究报告、专题经验总结及口头分享报告等类型，行动研究论文包括前辅文、引言、正文、结论与反思、参考文献等部分。撰写总结时，要善于通过列出论文框架（即问题—原因—计划—实施—效果—反思）和要点的方式，克服写作畏难心理，也避免遗漏或冗余；坚守学术良心，善于运用感性描述体现研究者特色；一轮行动解决一个微观问题；阅读高水平文献，保障论文深度；与有经验的老教师及同行教师交流，厘清思路，保证表达准确、逻辑清晰。

下一章将以一个叙事行动研究作为案例，从行动研究的缘起、过程和反思三个方面介绍行动研究的核心原则、基本流程和重要价值。

附录1 访谈记录片段

XXX 访谈 2013-05-10

……

我：你的课堂口头汇报的环节是怎么安排的？课前你让要做 presentation 的同学给你 PPT，并给他辅导，课上进行 presentation，然后你让做汇报的同学问大家问题？

XXX：哦，这个不是每次都有，昨天是临时加的。因为我感觉他讲的东西，大家没太听懂，最重要的那个越位，你得让大家听明白了。而且这个问题对他来说不是很难，他能做到。可能我还是应该提前告诉他，让他准备两个问题。但是，可能也是因为看到当时的效果，然后临时想的办法。

我：平时，这个 presentation 做完后，是什么程序？

XXX：哦，平时，我会让某一个组的同学，比如今天第三组的同学，重点点评这次的 presentation：你对今天的三个词有什么感想？学到了什么？哪里有提高？然后我会再问他们一下：这里面的一些重点词，用英文怎么说？这样也是一个小的复习过程，因为有的同学记得不是特别牢。另外，我会再提一下，这里面讲得特别好的同学。那次有个同学讲 apple，讲得非常好，我就会说一下为什么好。有的同学，很明显的，念稿子啊，不抬头啊，我也会说。

我：上次讲军事的那个同学，你怎么说？

XXX：我就很直白地表扬了他，因为他做得非常好，现场效果非常好。

我：我说的是之前，不是本·拉登那个。

XXX：我说了，我先找几个同学来点评。

……

附录 2 开放式问卷

大学英语课堂小组汇报调查问卷

亲爱的同学：

您好！感谢您抽出宝贵的时间填写本项调查问卷。此次活动，旨在提升大学英语课程小组汇报的有效性，为提升大学英语课堂教学质量提出改进措施。

注：请如实填写本人信息及问题答案。

一、基本信息

1. 您就读的专业是 _____。
2. 您的年级是 _____，性别是 _____。

二、大学英语课堂小组汇报有效性

1. 您的大学英语课堂是否需要经常做小组汇报？频率为每学期多少次？
_____。

2. 教师课前是否知道学生汇报的内容？采取什么方式知道？
_____。

3. 教师课前是否给予学生汇报指导？采取什么方式辅导？
_____。

4. 教师的汇报前辅导包括哪些方面的内容？
_____。

5. 教师是否规定了汇报的时长？是否在课上严格执行？是怎样执行的？
_____。

6. 教师对课上小组汇报的评价方式是怎样的？哪些人参与评价？评价包括哪些维度？
_____。

7. 教师如何提高听众的注意力和收获？采取了哪些方式？是否有效？
_____.

8. 小组汇报的主题和内容是教师确定的吗？如果不是，是怎样确定的？
_____。

9. 教师是否要求小组每个成员都参与汇报？是怎样实施的？
_____。

附录 3 课堂观察记录

教师姓名：XX 课程单元：《大学英语》第二册第五单元课文 A 时间：2013 年 5 月 9 日 地点：XXX 大学语音实验室			
时间段	教学活动	学生反应	研究者评论
9：45— 9：50	课前冥想（relax time）；音乐；教师在讲台，与学生面对面静立	安静；闭目站立；配合	很新鲜，可以让学生静心，很好的设计 我的问题： ——这是什么活动？全校都有还是他们班特有？ ——活动目的和效果如何？
9：51— 10：08	一名男生做 presentation，讲足球知识及比赛规则（与课文相关话题） 活动过程：学生讲解—提问单词—教师过后测试并复习重要单词：linesman（边裁）、defender（后卫）、offside（越位）等	认真听讲解，看电脑屏幕上的 PPT，没有人看手机；提问环节有汇报人好友支持，有学生在下面回答	汇报话题和单词有难度，虽然学生认真听，但现场测试结果并不理想；教师阻止提问环节汇报人找托的行为，能看到汇报的真实效果，使汇报测试真正起到作用，体现教师敏锐的观察和认真负责的态度。 我的问题： ——学生的 presentation 题目是怎么定的？ ——对学生的口头汇报要求是什么？希望达到什么效果？

(待续)

(续表)

时间段	教学活动	学生反应	研究者评论
10:09—10:35	lead-in：按课件讲解十二生肖的英文、来历、名人属相及相关动物习语，以及不同文化的对比，配有简单测试题，与学生集体互动，偶尔有个别提问	开始学生很感兴趣，教师解释名人的名字时，学生时不时"噢"的一声，作恍然大悟状，对名人属相及习语和文化对比热情较高，不时与邻座小声笑着讨论。但十二生肖讲解过半，渐渐安静，惊讶声减少，个别学生看手机	lead-in 内容和图片都很生动，只是时间有点长，教师输入的内容较多。warm-up 的目的是让学生活跃起来，但教师的讲解过多、学生参与较少、时间较长的后果就是原本热起来的场会冷下去，这与教师的课堂教学内容的选择、时间安排以及输入型教学理念有关；possible alternative：十二生肖不一定都讲完，可选有代表性的讲，或课前给学生布置思考问题，课上分享自己的生肖故事等
10:36—10:43	讲解课文阶段：给学生几分钟时间读课文，做课后排序练习，电脑处于屏保状态；教师在学生中间巡视解答问题，并与研究者短暂交流（反思前半段上课情况，说 lead-in 时间长，学生比较感兴趣，简要介绍班级情况）	学生认真读课文，有学生先读完，自觉做后面的练习	教师对 lead-in 的反思不知是自己的感受，还是因为看到我在记录时间——这是个观察仔细、较为敏感的教师；教师对班级情况的介绍，让我更了解课堂学生表现的原因，这是七年制最好的班，虽然人多（51人），但无一缺席且学生英文水平和配合程度都高——这是个考虑周到的教师、特别配合我的研究的很好的研究对象

(待续)

（续表）

时间段	教学活动	学生反应	研究者评论
10：44—11：00	检查排序练习，教师提问，鼓励学生，答案没有对错，只是自己的逻辑，可以按不同方式排序	有学生站起来说不出，有学生说第一项就错了，被提问的学生正确率不高，气氛有点紧张	
11：01—11：03	按照PPT讲解文章结构	学生只是听	似乎只是走了走过场，看不出学生反应，看不出教学效果
11：04—11：10	pair work：讨论、准备针对课文提问；教师参加了部分小组的讨论，或解答学生问题，全英文；教师帮助组织中间三人座位的pair work讨论	开始讨论积极，后来有点百无聊赖，看手机、聊天的都有	这部分时间有点长；教师对学生讨论活动很负责，帮助结组并参与讨论都能体现
11：11—11：15	重复给学生的任务；点名提问；教师能流利说出大部分学生姓名	三对学生做了练习：学生A读statement，学生B说对错并给出理由	检查之前重复任务；教师熟悉学生；这一时段的授课为全英文
11：16—11：35	课间休息		

（待续）

（续表）

时间段	教学活动	学生反应	研究者评论
11：36—12：10	讲词汇和表达法，长难句。先按单词本上的串一下单词，再按PPT上细致讲，接着讲长难句。有提问，或翻译句子，或造句，或全班朗读	学生基本在跟着授课走，虽然课时是上午的最后一个时段，但开小差的学生很少；句子翻译得不错	这一时段授课以中文讲解和翻译为主。我的问题：——PPT上的都是课件上的单词吗？——似乎没有一句句或一段段地过课文，为什么？

备忘：
下课出来，教师反思今天的课，说上得很一般，昨晚八点才开始备今天早上的前两节课，这个大英的课就没有特别准备，是按着课件讲的，而且还不是平时她常用的课件。她说，以后开新课，一定要提前备课。不过这个课，似乎给她时比较突然，她一直也想上，资料也准备了，只是没看，所以每次上课前现备课，就比较紧张。

我的评论：
她可能觉得没有达到自己讲课非常出彩的那个期待，希望给我看到非常好的课，可这次不是，所以解释了一番。第一次听这位老师的课，我对她课的整体设计、与学生互动，觉得倒还好，没有那么好，但也没有那么差，就是一个不是新手也不是老手的教师，讲的一节非常常态的大英课。
她口语比较流畅，学生口语基础也好，对她的问题比较积极配合，只是有些地方和学生有些脱节，就是自顾自地讲多了。

第三章　行动研究叙事案例

本章通过本书第一作者在入职初期曾开展过的一项行动研究的叙事案例，分析行动研究的核心原则、基本流程和重要价值。本章将用三节来呈现这一案例，分别为行动研究叙事案例的缘起、过程和反思。

3.1 行动研究叙事案例的缘起

英语专业一年级新生的口语课是笔者入职第一年教的一门课。为什么让我去教这门课呢？因为那年外教因签证的原因没法按时到岗，所以需要我"冒充"外教来教这门课。学生的基本情况如下所述。首先，学生当时语言的基本功整体而言比较薄弱，在语言知识方面词汇最弱，在技能方面口语最弱。那个时候（2007年）的学生，掌握的词汇量小，上课不张嘴。这是当时系里在学生入学后摸底测验时发现的基本情况。其次，学生高中阶段口语训练普遍比较少，实际运用的机会就更少。最后，学生听不懂全英文授课。那个时候学生真的是听不懂，跟我们今天的学生还是不太一样的。毕竟那个时候听说的训练是比较少的。

当时我作为任课教师，首先详细了解了上述情况的相关背景。我觉得在对学生的学习采取教学干预前，还是应该掌握更多的背景信息，然后我们才好制定教学目标。所以当时第一学期的口语课定的目标特别简单，就是希望学生能就一般性的话题进行简短的发言。

评析：从讲述者的介绍可见，教师在开展行动研究前，对学生的情况有了比较充分的了解，对学生存在的问题有比较明确的认识。基于此，在第一轮行动研究前所设定的目标，便和最初所感知到的问题密切关联。

3.2 行动研究叙事案例的过程

整个学期我设计了三个模块，每个模块聚焦于一种类型的话题，也就是说，一共是三个类型的话题：第一个是生活类，第二个是学习类，第三个是社会问题类。生活类的话题最容易讨论，所以放在这个学期最前面；然后是学习类的，放在中间；社会问题类的，放在最后。大概就是这样一个安排，教学过程基本就按照安排进行。

那个时候我参照了当时新托福口语考试的一个题型：给学生一个话题，然后要求他们就这个话题持续发表观点一两分钟。所以学习目标和任务都特别简单。大家可以想象，按照当时学生的学情，按照他们当时的学习积累和语言能力，要达成这个目标，其实也很有挑战性了。

前面提到，我把整个学期要讨论的话题分成了三个模块——生活类、学习类、社会问题类，那么教学的改进基本上也是分成三个阶段。第一个阶段我们管它叫第一轮，是基于输入的简短发言。教学上是这么做的：课前让学生先完成听力任务 A，先熟悉一下话题；然后课上先完成听力任务 B，带着学生集中学习一下句型和词汇；最后让学生做对子活动，做基于情境的一分钟发言。当时我想，既然学生基础比较薄弱，那么我们就先做些铺垫工作，课前做点儿，课上做点儿，然后再处理口头任务。

为了后续研究，我收集了课上听力任务 B 的测验成绩，因为课上是一起做的，所以就在课上收上来。课堂教学过程经过学生同意以后录了音，尤其是对子活动需要录音。他们在做对子活动的时候，我找了不同的录音笔让学生自己录音，当时手机还不能录音。学生还有一张自评表，每节课下课以后，首先自己对自己做一个评价。这些都是很重要的数据，下课的时候都收上来。另外，作为教师，我也保存了自己的反思记录，每节课下课以后我会做一些记录，这节课哪儿上得不好，哪儿上得好，我自己都要有个及时的记录。课下有时候我也跟学生做些访谈，是那种非正式的访谈，虽然也没有什么明确的提纲，但大致还是可以了解到一些有价值的信息。不管教学上我是怎么设计的，研究上还是要收集数据，否则最后是没法写较为具体的报告的。

评析：从这段介绍可知，教师根据这一轮的教学目标设计了清晰、细致的教学过程，并收集了不同过程中可能生成的数据，以便后续进行分析和教学效果评估。

第一轮行动研究的数据分析结果是这样：学生预习得还不错，但输入的句型、词汇迁移困难。后来想想，当然会迁移困难，因为缺乏内化的过程。另外，对子活动缺乏互动——虽然是两个人做活动，但实际上学生 A 和学生 B 两个人并没有什么机会互动、交流。学生 A 做一遍简短发言，学生 B 再做一遍，就相当于你找一个人对着他/她做报告，然后对方再对着你做一遍，这跟自己独立做一个报告没什么本质的区别，根本上是没有互动，也没办法互动。

因此，我进行了反思。预习时候的重点不应该只是熟悉话题，同时也应当落实一些词汇、句型；对子活动里也应该提高听者的参与度。今天想来，自己可能都会笑话自己：怎么那个时候连这都不知道。不过那个时候我就是连这都不知道。对一个新手老师来说，很可能就是不知道这些东西。所以，很明显的一点是，这样的知识和经验是完全可以通过行动研究来获得的。我们收集数据用于分析，首要目的是促进自己的反思。

评析： 可见，教师对问题的进一步理解和深入分析，很大程度上是基于数据收集与分析的。当然，如果数据收集与分析不能促发教师的主动思考和探究，或许也就发挥不了实质性的作用了。基于第一轮的过程与经验，教师进一步明确了问题的性质，并积极调整教学方案，以更好地开展下一轮行动研究。

第二轮行动研究我调整了教学方案。既然存在迁移困难，那么索性课前就让学生把 A、B 两个活动都提前做了。这样一来，就把词汇学习、语法学习、句型学习等都提前到课前了。然后课上我再重点处理一下最重要的内容，这时候课上的语言处理就更明确了。对子活动也进行了明显的调整。第一轮的数据分析表明这项活动互动性差，促学效果不佳，因此在第二轮中，学生不只是填写自评表，还要填写互评表以提高听者的参与度，增加互动。

这一轮我同样收集了和第一轮完全一样的各种类型的数据，结果发现，预习的情况尚可，但已经开始出现学生抄别人作业的情形了。更重要的是，学生对子活动时的互评反应比较强烈，反映问题也特别集中。不少学生反映同学在给他们做评价的时候并不是很认真，然后给自己打的分数也不尽合理，还提到自己在参与活动后进步不明显。我当时有点沮丧，心想，之前学生抱怨没有互动，现在让他们互动了，却又抱怨互动的另一方不认真，打分不合理，自己没进步。但转念一想，这些问题终归还是我自己的教学问题，需要通过改进教学来解决。

"痛定思痛",我发现自己完全可以进一步改进。我反复思考:预习任务其实还是要触发更多的学习,而不只是让学生完成某些规定动作。也就是说,在预习的时候就要促进语言使用能力的提升,而不单单是把那些词汇、语法知识点挑出来弄一下,走个过场。另外,互评不一定就能促进互动,互评的"评"不一定需要互动中的"动"。要想真正"动"起来,协同起来,相互促进起来,做互评的学生是需要接受必要的培训的。学生跟教师是一样的,教师给学生评分、评价,要想做得好,也是需要接受必要的培训的。我又进一步反思了一下为什么之前想到让学生互评。除了互动的原因外,更重要的是,作为教师,我很难在有限的教学时间内给所有学生一对一的评价。最理想的评价,应当是全员一对一的评价和反馈。既然做不到这一点,那么就需要学生通过互评来弥补、代替教师评价,这就更需要对学生进行培训以提升他们的评价能力,最终提高评价质量和反馈效果。

另外,我又查阅了一些文献,发现当时较新的文献中有涉及动态测验的一些论述。动态测验考查的不只是学生业已形成的能力,而是更关注学生从一个水平上升到另一个水平的过程中需多少帮助。换言之,都是提高10分,有的学生可能就需要一点点帮助,而有的学生则需要很多帮助——这说明他们的潜力是不同的。这极大地启发了我。如果我在让学生互评的时候也更加注重考查学生提升的"量",而不只是关注他们输出的语言本身的质量如何,或许会更能有效促学,也能让他们自己更清楚地意识到、感受到自己的进步与发展潜力。

评析:"万事开头难",但不等于说开头以后就容易了。如果专心、用心地去探究,行动研究的过程甚至可能是一个困难不断增加、问题不断涌现的过程。但讲述者所提到的"痛定思痛"应当是开展外语教学行动研究的教师必备的品格。发现新问题的过程,往往也是对问题的理解逐步深入的过程,因此这种"痛"并不是迷茫,而是愈发接近"痛点"。此时最需要教师坚定信心,深入思考,并开展必要的学习,从已有理论和前人经验中获得启发和帮助。

基于上述深入思考和反思,第三轮的行动方案又进一步得到了优化。第一,课前需要完成的阅读任务采用了小组活动的形式。全班分成了六个小组,每个小组的阅读语篇不同。这样就很容易地避免了互相抄作业的问题。但这给我自己备课带来了更大的工作量，因为我需要精心选择六个相近的语篇。但是我觉得那也是值得的。只要能促进学生的学习，教师多做一点找材料的工作完全不是什么问题。第三轮的预习，为了帮助学生集中学习句型、词汇，我选择了让他们复述阅读语篇中的内容。复述需要录音，是完全没法抄袭的。当然，防止抄袭并不是最重要的，真正重要的是学生为了完成复述任务，就需要加工阅读文本中的语言项目——既要知道意思，还要能够运用。这样，就真正解决了前两轮一直没有解决的难题。到了课上，我再带着学生一起完成听力任务，并进一步处理、夯实句型和词汇。

在第三轮的对子活动中，我首先让学生做一分钟发言，学生得到同伴评价后，紧接着根据同伴的反馈当即改进，再做一次一分钟发言。例如，学生 A 先做报告，发言结束后学生 B 给了同伴一些反馈，如"这个词你可能说错了""你的这个词我不懂，我不理解"等。当然，这些反馈也需要简要地写到互评表上。之后，学生 A 基于学生 B 的反馈立刻再做一次发言，然后学生 B 再给予反馈，如"我觉得你第二次在做同一个发言的时候，某些地方进步了"。这样，学生才能真正感觉到自身的进步以及进步的过程和原因。这样便是通过让评价更加动态（dynamic）来提高互动的促学效果。自然，对子活动里互评的问题（如不认真、不合理、没进步）就得到了明显的改善。做完第三轮活动以后，这个学期就结束了，但我又做了反思：互评或许应该和不同的同学组成对子。这一点不是学生提出来的，而是我在思考如何进一步改进的时候忽然想到的。不难想象，这又是一次改进和提升的机会。略微遗憾的是，我后来没有机会在口语课上进一步改进了，因为外教到岗了，我后来就不再教这门课了。

评析：相信读者也和讲述者一样，能够体验到问题得到初步解决的喜悦感和满足感。当然，我们也应看到，即便是做了三轮持续的努力，也还是留有"遗憾"的。因此，教学不止，研究不止，提高不止。这便是教学行动研究最重要的理念之一。

3.3 行动研究叙事案例的反思

这门课上的三轮行动研究，让我收获很多。我坚信只要教学不停，行动研究的循环就可以不止，我们也就可以不停地改进。行动研究的特点之一就是教学、研究两条线索并行。教学是行动，对教学的研究同样是行动。教学行动的线索就是我们制定目标、分析学情、理解材料、选取方法、实施活动、开展评估；而研究行动的线索就是确定方法、设计程序、收集素材、分析资料，最终为教学行动的改进提供支持。

不难看出，行动研究的另一个特点就是它是多个循环螺旋上升的。我自己教了这门课一个学期，就在三个循环的推进中不断提高。也就是说，阶段性的改进一共做了两次，而每次都要致力于解决特定的问题，而对特定问题的关注、理解和把握，真的需要我们自己头脑中有一个正确的感知和判断，需要我们自己对问题有一个本质的认识，需要我们能分清问题的症结到底在哪里，我们的实际教学困难又在哪里。当然，这种感知、判断单凭经验是不够的，我们还需要加强研究与分析，以便更加理性地获得这样的认识。另外，在前面循环中尚未解决的问题，在新的循环中仍要着力去解决。

评析：若要提高教学水平，首先要提高自身的认识水平。就像讲述者所说的那样，单凭经验肯定是不够的。如果经验能够解决所有问题，我们也就不需要行动研究来推动教学的提高与发展了。另外，从本章的叙事案例可见，教育叙事是高校外语教师成长的重要中介，也是相互交流、互学互鉴的重要途径。

3.4 小结

叙事行动研究借助叙事探究这个载体，通过不断探索、不断行动、不断反思，去追寻真善美，是新的"伟大事物"（帕尔默，2005；转引自陈向明等，2021）。教师是天然的教育叙事者和行动者，本书以叙事行动研究作为首个行动研究案例，希望能消除教师们对开展行动研究的恐惧心理，边讲述，边行动，边反思，边研究。

本章以徐浩老师入职初期开展的三轮行动研究为叙事案例，展示行动研究的核心原则、基本流程和重要价值等三方面内容。叙事案例包括三部分，每部分包括教师叙事和评析两个模块，教师叙事讲述行动研究的缘起、过程和教师反思，评析是对叙事内容的分析和简评。

行动研究的缘起讲述教师任课背景、了解学情的过程和结果以及由此制定的教学目标。评析分析了本段叙事的作用，肯定了教师的前期准备与行动研究问题的高度契合，使行动研究者充分意识到行动研究的核心原则是，教师要解决的问题与行动目标和方案之间要密切相关。

行动研究的过程生动详细地展示了教师开展行动研究的基本流程。首先叙事教师介绍基于学情设计的整学期教学安排，聚焦基于具体教学技术的微观问题，解释该学习任务与学情的关联度，并详细记录了三个教学阶段（即三轮行动研究）的教学实施情况及各项数据收集过程，包括教师当时开展教学实施和数据收集时的即时反思、数据分析结果后的总结性反思以及对下一轮行动的前瞻性反思。评析穿插于三轮行动之间，总结叙事内容、强调数据收集与分析对于激发教师思考、调整教学方案的重要意义，肯定叙事教师发出的"痛定思痛"的感慨和深入思考的价值，并在总结叙事教师的情感体验后，强调循环性和进阶性是行动研究的重要理念。

行动研究的反思简短凝练，理论性强。叙事教师基于自己的三轮行动研究，已能充分认识教学行动研究的教学和研究双轨并行、循环进阶的特点，并对感知教学困难、聚焦教学问题和分析问题症结的顺序和区别有清醒的认识。

本章的行动研究叙事案例充分记录了教学行动研究的全过程、教师的设计思路、各阶段行动结果、其间的正负面情绪和心理活动等内容，特别重要的是教师对教学目标与教学结果的偏差及其产生的原因进行了反复深入的思考。可以看出，徐老师当时虽是初入职的新手教师，却是个数据意识、反思能力和文献研究能力都很强的老师。其教学反思维度多、层次深，兼顾前瞻性、监控性和总结性三类反思。教师收集的丰富的生成性数据，为进一步了解学情和分析行动结果背后的原因提供了有力的佐证；前沿文献阅读和研究为解决教学问题提供了重要的方向引领。因而，教师需要提升自身的认识水平，充分反思，既能深入行动，又能分析研究，做既有理论思维又有实践思维的"两栖动物"（陈向明等，2021）。叙事教师的语言简单平实、生动鲜活，恰当使用接近口语化的表达和比喻等修辞手法，辅以感性语言描述内心感受，对自己开展的行动研究进行真实、全息和及时的记录,为同行教师提供了易上手、可操作的借鉴范例。

下一章我们将展示三位一线高校英语教师的行动研究论文案例,分别聚焦于大学英语视听说课程、口语表达能力和写作水平三个方面的问题。

第四章 行动研究论文案例

行动研究方法的学习与运用，重在"做中学、学中做"，且在学、做之中贯穿分析与反思。本章通过高校外语教学中三个非常典型的行动研究论文案例来展示做、学、思的过程与经验。三项研究均为一线教学的真实案例，分别为基于大学英语视听说课程的行动研究、提高大学生口语表达能力的行动研究和提高大学生英语写作水平的行动研究。

4.1 基于大学英语视听说课程的行动研究 [1]

4.1.1 研究背景介绍

口语能力一直是我国大学生英语语言能力中的弱项。大学英语视听说课程正是以提高大学生英语口语交际能力为主要教学目标而设置的课程。由于长期从事一线教学工作，笔者发现传统的视听说课堂并不能有效地解决大学生的英语口语输出质量问题。在此情况下，笔者有幸参加了由文秋芳老师主持的北京市高校英语教师跨校互动发展团队行动研究项目，并由此开展了一系列视听说课程的教学实践和实验活动。

在文老师的指导以及其他跨校团队老师的帮助下，笔者对本人以往的教学实践进行了系统的梳理和反思。经过认真思考和反复讨论，笔者认为其中主要存在两方面的问题：一是如何提高课堂教学的有效性；二是教学指导理论是什么。两者之间相互促进，共同发挥作用。就第一个方面，笔者设计并开展了为期连续三个学期的行动研究教学实验，以设计行动干预计划—课堂实践—反思—修改行动干预计划为一个流程，并在其中考察多组口语教学及习得因素的自变量、因变量的相关数值变化。前一个周期中所暴露出来的问题和不足会在

---

[1] 本节案例由中国政法大学／北京外国语大学史红丽老师提供。

后一个周期中进行修正，如此循环。在共计进行了三轮教学实验之后，笔者发现本人的课堂教学效果较之前有了显著的提高，同时学生的教学反馈意见也基本呈现出积极的认可态度。总的来说，行动研究干预后的教学效果基本达到了笔者的预期。第二个方面是指以什么样的教学理论或理念为指导。行动研究这一概念 1944 年前后首次由德裔美籍社会心理学家库尔特·卢因（Kurt Lewin）提出，是指教学人员和研究人员合作，有计划、有步骤地边研究边行动以解决实际问题为目的的一种科研方法。实际上，行动研究法的核心是一个由计划、行动、观察和反思所构成的自我反思的螺旋式循环（凯米斯，1994a：32）。但是，尽管行动研究法是一个将改革措施实施于教学过程的有效科研方法，但它并不是计划本身。也就是说，要制定具体的教学实验计划还是需要依靠行之有效的语言教学理论。根据视听说课程口语优先的特殊性，笔者以文秋芳老师的产出导向法（production-oriented approach，简称 POA）为理论支撑，设计了每个教学周期的详细行动研究步骤。

由于二语口语习得本身的复杂性，影响"语言促成"的因素很多。笔者在观摩了多个兄弟院校的视听说课堂之后，决定先采用配音练习等方法促进学生的口语输出。本研究中的受试班级均来自同一所高校的公共外语课一、二年级学生，其中多数学生的语言水平为国家公共外语课大学生英语四级左右，少数为英语六级，也有极个别学生远低于英语四级水平。经过三个学期总共三轮的教学实验，笔者所教授班级学生的英语口语能力有了显著提高。以下是本研究的具体内容和结论。

4.1.2 教学问题的发现、确定及描述

4.1.2.1 视听说课堂现存的三个问题

实验前的视听说课堂主要存在三个问题：一、学时不足；二、课堂效率低；三、课外学习时间无法保障。首先，笔者所教授的视听说班级每周只有两个学时，共计 90 分钟。在如此短暂的课堂教学时间里，既要完成教学内容又要保障学生得到充分的口语练习机会，似乎已经成为不可能完成的任务。其次，众所周知，公共外语课课堂通常是大班授课，口语课堂也不例外。笔者所

教授班级的平均人数约为 45 人。如果是阅读课或者写作课等课型，学生人数的压力并不明显。但是在口语课堂里，情况就变得尤为严重，让每个同学都有发言的机会也成为一种奢望。由此造成的课堂效率低下也无法避免。另外，任课教师并不能控制学生的课外学习时间。对于不完成任务的学生，由于各种客观原因，教师也无法对其采取措施，这也导致了部分学生不能保证应有的学习时长。

在上述教学背景下，教师对教材的把控，对课堂的设计，以及对学生的任务分配就显得尤为关键。与前两项因素对比，学生不仅是学习的能动主体和关键环节，同时也是学习过程和学习结果的缔造者。因此，让学生能动地学习以及学生学习最终取得显著性成果是教师的首要目标。

4.1.2.2 大学生英语口语能力问题聚焦

笔者对大学刚入学的一年级新生做了一些基本调查，分别采用问卷调查和个别约谈两种方式。问卷调查主要涵盖一些有关口语水平的基本情况问题和自由阐述部分。多数学生的基本情况通过问卷调查就可以获得，少数情况特殊的学生则可以通过个别约谈的方式进行了解。这些学生很可能有独特的教育背景，有的来自民族地区，有的来自特殊类型地区，不一而论。除了上述调查，笔者还通过上课观察来了解学生口语使用的真实水平。这要求教师尽快熟悉班级学生的姓名，并尽可能给每个同学发言机会。那么，结合问卷调查、约谈和课堂表现，教师就可以在最初一两周的时间里，给每个学生做出综合评估，可以以分数等级和评语相结合的形式存为文档备用。

根据上述评估，新生英语口语的主要问题表现在以下方面：一是语音语调不标准，有部分同学发音与标准音相去甚远，对听者造成极大的语言加工障碍；二是对于某些话题只能进行浅层次的简单交流，越是复杂的交流成功率越低，主要表现为反复使用同一个词、同一个句型；三是在多人交谈中，场景往往演变为口语较好学生的个人独白，偏离了正常会话中的话轮更替；四是英语口语交流中的准确性不高，很多学生的口语词不达意，甚至是南辕北辙，他们的表述既不经济也不产生相应的语力。

当然，以上问题描述过于泛化，只能说是指出了英语口语学习中普遍存在的问题，并没有针对性，因而需要在后续阶段中逐步克服以上问题，使相应问题具体化、个人化。对学生的口语情况有了初步的了解之后，笔者开始尝试第一轮行动干预计划。

4.1.2.3 产出导向法在教学改革设计中的作用

文秋芳老师的产出导向法的主要教学要求是：学生从输入中选择要掌握的语言，通过产出任务训练（如口语练习等），将习得语言应用到该任务中去（邱琳，2017：386）。不难看出，产出导向法的实质是以输出训练为媒介以达到高效语言习得的目的。这一教学理论与本研究要进行的口语行动研究在理论和方法上都十分契合。具体来说，本研究选择经典影视作品作为语言输入项，通过配音练习（其中包括语音模仿和台词背诵等任务）强化语言输入项的内容，在学生成功完成配音任务之后，再为学生指定几个相关的话题，让他们选择其一进行多人口语练习，这样既可以保障学生输出大量正确的表达，同时也照顾到学生的创造性表达的需要。整个流程如下所示：

（1）输入项：电影 → （2）机械输出项：配音 → （3）能动输出项：口语练习

产出导向法以输出促进语言习得，这种方法尤其适合口语教学。正如下文所示，本研究采纳产出导向法为指导理论极大地提高了行动研究的有效性，而以此为指导的行动研究也为该理论提供了进一步的实践证据。

4.1.3 行动研究的开展

本研究一共进行了三轮行动实验：第一轮为整个第一学期；第二轮为整个第二学期；第三轮为整个第三学期。第一轮为初步行动干预。第二轮在第一轮的基础上进行了修订，重新进行检验，由于学生选课等原因，班级中只有一部分学生为原来第一轮实验班级的学生，这种情况延续到了第三学期。第三轮是在前两轮的基础上修订而成，在各方面都趋于成熟。第一学期视听说课程采用的教材是由 Simon Greenall、文秋芳主编的系列教程中的《新标准大学英语视听说教程 1》。第二学期使用《新标准大学英语视听说教程 2》。第三学期使用《新标准大学英语视听说教程 3》。

4.1.3.1 第一阶段的行动研究干预活动

第一次行动干预以对学生的整体预判为起点，即学生综合英语水平略低于四级，英语口语水平低于其他单项如阅读、听力等分项水平。鉴于是初次尝试，为避免引起学生的负面情绪，本次行动干预的初衷设定为激发学生热情，让学生发挥自身能动性，但最终的实验效果却超出了笔者的预期。

1) 行动设计与实施

在这一阶段，笔者主要进行了以下设计：一是教学内容设计；二是教学方法设计；三是教学评估设计。教学内容分课内、课外。笔者根据《新标准大学英语视听说教程1》所涵盖的话题，确定这一学期要练习的口语话题列表。参照该表，学生要完成两项任务。任务一是以小组为单位认领列表中的一个话题，小组组员之间进行分工，并围绕该话题展开讨论。各组认领的题目尽量不重复。任务二是根据列表中的话题，以小组为单位寻找一部与之相关的经典影视作品，组员要在课外时间看完电影，并进行角色分配，每个组员要领取一个角色，并最终能够成功为该角色配音（配音时长约3—5分钟）。在教学方法方面，笔者把学生分为口语练习小组，包括两人组、四人组、男生组、女生组、男女混合组等，但是单组人数不能超过五人。这样的分组在很大程度上满足了学生的个体要求而且可操作性强。在教学评估方面，笔者不仅记录学生平时口语活动的形成性成绩，也记录学生之间互评的评语和结果。

自教学第三周起，学生陆续开始在课堂上展示小组活动内容。每次一二组，总时长不超过15分钟。从第三周到学期末，所有学生都有机会参与活动并发言。活动贯穿整个学期，每组同学都表现出极大的热情，不仅把展示所要求的幻灯片做得很认真，而且在话题选择、话题分工、话题呈现等方面都各有精彩之处。有些同学甚至为幻灯片配上背景音乐，以增强感染力。此外，组员之间合作也比较融洽，属于良性竞争关系。而且，绝大部分同学在发言时做到了脱稿发言。同学们的口语都得到了很好的锻炼。

另一项任务是要求学生在学期末提交一份电影配音，仍然是以小组为单位。每个小组选择一部电影，由组员分饰其中的角色，最终在期末提交一份电影配音的录音或录像。同学们对这项任务也很踊跃，虽然一开始有部分同学担心难度太大，但是最后大家交上来的作业质量都相当不错。

2）观察与发现

上述两项任务基本不占用课堂时间。除了小组课堂展示所用的15分钟，这两项任务都是学生利用课外时间完成的。任务一需要学生自己组稿、背诵并和其他小组成员排练，所需练习时间不短；任务二需要学生观看电影、背诵台词并尽可能练习到惟妙惟肖的程度，所需要的学习时间也不短。这样就保证了学生在课外也会进行口语操练。

在这一学期的教学活动中，笔者也发现了不少问题，比较明显的是很多学生的语音语调非常不标准。在语音方面，多数同学单词发音不正确，发音僵硬，主要表现为重音位置不对，元音、辅音的发音不到位。很多同学缺乏正确的音标知识，经常连个别语音都会读错。在读单词的时候，这种不足就越发明显，发音位置不对，经常导致单词误读、错读。在语调方面，由于母语汉语本身是声调语言，与英语语调的发音差别很大，这也造成了很多同学在说英语句子时，语调受母语影响，起伏过多，完全不似英语那样多用轻重音来调节语句的节奏。语音语调问题一直持续到该学期末都没有得到很好的解决。

3）反思与调整

一个学期结束了，既有成绩也有不足。好的方面是学生对口语产生了浓厚的兴趣，树立了信心。尤其是当同学们能够惟妙惟肖地表演电影配音时，同学们的自信心得到了极大的提升。一些性格较为内向的同学，因为课堂活动也开始慢慢变得活跃起来，也能积极参加话题讨论和发言。由于小组活动，同学们之间的互动和合作增多了，从而形成了良好积极的学习、教学氛围。不足之处在于，虽然发现了学生口语中存在的一些基本问题，但是由于课时有限，并没有足够的机会去完全纠正这类问题。

在下一阶段的教学研究活动中，笔者试图让学生的语音语调等问题有相当大的改观。

4.1.3.2 第二阶段的行动研究干预

上一阶段比较突出的问题是学生整体的语音语调不尽如人意。笔者发现，语音语调还直接影响到语义的传达和理解。大部分同学的交流停留在字面意义，很难理解或进行深层次的交流。就此类问题，笔者也进行了设计调整，把对言外之意的把握和理解设置为本阶段的重点、难点。

1) 行动设计与实施

与阅读理解不同，口语中言外之意的理解和传达在很大程度上受到语音语调的调控。在口语交流中，语义跳过文字直接与语音结合，语音是声音形体，发音特征直接左右影响语义表达。所以说文本语境与口语语境差异很大。

在本阶段，笔者调整了思路，重新进行设计。一是加强语音语调练习，增加朗读训练；二是配音作业增加环节，不再只是交一份配音作业即可；三是增加对言外之意理解的练习。任务一是朗读训练。这部分任务要求每个同学每天都要完成定量的朗读任务，其中包括单词朗读和文本朗读，主要是在课下完成。此外，还有课堂朗读任务，教师在课堂上会随机抽查学生的朗读情况，被抽查的学生要完成带领班级朗读单词或文本的任务，时间一般控制在3—5分钟之内。任务二是配音增加了环节。曹晨（2008）认为配音活动是由讲解、练习和实践等几个阶段组成的，每次需要一个小时左右的时间，而且这种活动要有一定的频次才有效果。潘赛仙（2013）认为给配音评分需要考虑几个因素：语音语调（表现为对人物情感的把握）、语速（是否熟记台词）、所选片段的复杂程度（词汇和句型是否足够丰富）等。另外她认为配音评分可以采用教师打分和学生小组打分相结合的方式，充分调动学生的积极性。参考以上建议，笔者把配音任务分为四项：(1) 配音电影背景学习；(2) 配音技巧练习；(3) 配音实践；(4) 配音作业反馈和评估。第一项要求学生提交一份200词左右的电影人物分析；第二项要求学生单独和教师约辅导时间，有针对性地解决学生的发音问题；第三项要求学生小组提交配音作业；第四项是教师反馈学生评语和评分。这样一来，配音任务步骤明确，问题落到了实处，比原来的方法少了盲目性。任务三是提高学生对言外之意的敏感度。在口语中，言外之意主要是通过语音语调来完成的。而多数学生并不了解正常的英语语音语调是怎样的，因此，学生对话外音、弦外之音一般听不出来。针对这一问题，笔者设计了一些活动，专门考查学生对英语言外之意的理解。其中，有书面考查也有口语练习考查。例如，笔者会在黑板上给出三个句子"I love you. I love you! I love you?"，要求学生用正确的语调把这些句子读出来，所用语调要体现出三句之间的语义差别。

2) 观察与发现

在笔者把任务布置下去之后，学生是非常配合的，尤其是原来口语不太好的同学，更是抓紧时间练习，生怕自己被抽查到而又表现不好。朗读任务本身是一项传统任务,对学生并没有什么挑战性可言,学生只是缺乏持之以恒的精神。但是,由于视听说课程明确规定了每天的朗读任务并要求记录任务完成情况,大部分同学会按照要求自觉完成任务。笔者在课堂抽查时,发现多数同学都能够完成领读任务。个别第一次读不好的同学,往往会在下次有很大的进步。这说明,这一方法极大地促进了学生坚持不懈地练习语音语调,对学生口语的提高无疑有很大帮助。第二个任务是配音练习。由于增加了环节,配音任务不再停留在兴趣层面。通过第一项任务,学生能够深刻理解配音人物的背景知识,如该人物的文化背景、教育背景、社会生活阶层、家庭成长环境等。在观看电影时,学生能够感同身受,这些背景知识能够使得学生走进人物的内心深处,与该人物一道体会和经历心路历程。这样一来,学生提交的配音作业不再是一份台词背诵作业,而是一份饱含自己对人物或认同或同情等情感的活灵活现的语音解读作品。在此基础上,教师对这份有分量的配音作业进行合理、客观的评估也至关重要,不仅要指出作品中的闪光点,更应该指出作品可以改进的地方,帮助学生再进一步。

完成这一任务之后,学生自己也感觉到了明显的进步,除了口语发音更加接近原声之外,学生对电影人物也有了更深刻的认识。这一点从学生的反馈意见中就可以看出来。很多同学表示"很有成就感""帮助很大",等等。

3) 反思与调整

这一阶段获得的教学效果要比第一学期明显。首先,各项任务程序化,有步骤、有阶段,易于跟进。在语音语调方面,部分学生由最初的中式英语发音过渡到美式英语发音,取得了不小的进步。这些进步也提升了他们的自信心,让他们敢开口、多开口。同时,由于他们练习的口语内容贴近生活,语言非常地道,所以他们能够将之直接应用到同类话题中去,这样就增强了他们语言使用的准确性和实用性。其次,在练习配音的过程中,学生们也意识到了书面语与口语语体的区别。书面语与口语在遣词造句上都有差别。口语中使用的词汇简单,甚至多有俚语,所用句子也以简单句为主,这些都是口语表达的特征。经过这一阶段的学习,学生发现其实英语口语并不是那么难学。最后,由于很多口语表达呈现出固化模式,正确的语义并非字面意义而是非字面意义,因此学生需要依靠语调来判断真实的语义意图。这也强化了学生的言外之意意识,提高了理解力。

当然，问题依然存在。比如说通过配音来提高口语固然有一定优势，但是也有局限性。因为，现实生活中的语境是动态而非静态的，不可能完全复制电影场景。而学生本身也不可能是电影人物，他们在现实生活中会根据具体语境做出自己的语言判断和语言反应。因此，对于电影台词，学生并不能完全照搬、照抄到现实生活中来。另外，对言外之意的过度解读反而会造成理解错误。这些问题将会留待第三阶段集中解决。

4.1.3.3 第三阶段的行动研究干预

在上一阶段，学生的语音语调得到了锻炼和改善，再加上学习电影配音，学生了解到在模拟语境中的语言互动的模式大致如何。但是，现实语境千变万化，仅靠背诵电影台词无法解决全部问题。学生要在自然语境中流利无障碍地交流，还需要学习配音以外的语言知识。

1）行动设计与实施

这是本次行动研究的最后一个阶段，也是各个环节最为成熟的阶段。参考前两个阶段的经验，笔者尽可能完善这一阶段的任务，以期能够完美收官。除了保留第二阶段的硬性任务（朗读和配音）外，笔者增加了如下设计：(1) 培养学生的语境意识；(2) 话语重复与话语创新；(3) 动态语境下语用能力的培养。实际上，语境涉及的因素或变量很多，对语境能够涵盖哪些因素并无统一定论，各种学说纷纭。这里采用的是动态语境这一概念。动态语境（杨荣丽等，2016：55）是指"以人为本"的动态语境观。话语行为人是语境中的能动因素和主体，他/她调节其他语境变量，对语境有支配性影响。该研究认为口语习得者能动影响自身口语能力的培养和发展，如果辅之以相应的语用知识，必然会起到事半功倍的效果。

在本阶段中，任务一是培养学生的语境意识，其实就是让学生学习相关的英语语用知识，如会话含义、语用预设、话轮转换等。口语表达以得体性为准。做到这一点要求有相应的文化背景知识和语用知识。了解这一点，学生就会避开一些常识性错误。以下是从《新标准大学英语视听说教程2》Unit 4 摘录的部分对话：

Mark: This is just so crazy!
Janet: What?

Mark: This story I'm reading.

Kate: So tell us.

Mark: …

Kate: You are joking!

Mark: …

Janet: What a terrible story! Thank goodness the man was all right!

此处，教师可以引导学生思考以上对话中每一句的会话功能。例如，第一句在会话中起什么作用？其他会话参与人该如何回应？是正面回应还是负面回应？其中是否有规律可言？这一部分可以让学生进行补全会话训练，就是教师根据需要抽出部分内容，让学生填入相应话语。当然，教师最好选择文化差异比较大的会话作为分析实例，以免学生失去兴趣。或者提问学生某个会话的语用预设是什么，在不同文化中会有哪些不同反应。不过，以上这些语用知识只能起到提高学生语境敏感度的作用，并不能彻底解决学生如何说的问题。

任务二是重复与创新练习。学生背诵台词实际上是一种重复练习。脱离了特定语境，该语言可能就不能再适切地使用。为了克服这一缺点，笔者鼓励学生多观看相同题材的影视作品。大量观看同一题材的影视作品，实际上是同一个主题在不同语境中再现，同一种语义以不同的话语形式再现，无形中学生学习了同一个语义的多个表达，分别适应不同语境。这样的练习既是重复也是创新。任务三是动态语境下语用能力的培养。这里的语用能力是指学生准确驾驭话语交流的能力，是话语成功交流的必要条件。笔者设计了阶梯形难度的多个会话任务，从简单到复杂；每个会话要求达到的标准不一样，从简单会话任务做起，直到完成难度大的高级会话为止。这样能培养学生处理复杂主题的能力。

2）观察与发现

在这一阶段里，学生们也面临不小的挑战。首先，由于他们并非英语专业的学生，学习英语的时间有限，如此烦琐的学习任务让部分同学感到吃力。所幸大部分同学还是从中获益良多。有些同学是连着三个学期跟着学下来的，感觉收获特别大；有些同学是新加入的，也感到很有收获。尽管学生反映还不错，但是并不代表没有问题。有些同学在用英语对话时，习惯先翻译一遍再说，这也造成了言说困难；有些同学生搬硬套，未经重新加工就直接套用电影语言，也造成语言交流不适切；还有些同学电影看了很多，但习惯看中文字幕，这样也导致学习效果不佳。

由于缺乏真实的语境，即没有生活在目标语语言环境中，很多同学缺乏语感。他们很难把声音形象和人物形象匹配起来，也很难把特定语体和特定群体联系起来。如果是生活在目标语国家，这些问题都很好解决。看电影和跟现实生活中的人打交道还是差异不小。所幸现在网络发达，学生可以通过在网上交流进行弥补；也可以参加海外培训项目，实地接触英语的使用。这些举措都会极大地提升学生英语口语应用的熟练程度。

3) 反思与调整

实际上，这一阶段是本次行动研究最艰难的阶段。在经历了前两个阶段之后，很多学生已经熟悉了流程，不再感到新奇。如何让学生一直保持热情和能动性也是不容忽视的问题之一。而且，本阶段新增加的任务都比较抽象，不仅设计起来有难度，在实施过程中也有困难。比如任务一在进行了两次之后，很多同学就失去了兴趣，感觉不如背单词实际。再如任务二，虽然学生的确按要求观看了多部相同主题的电影，但是由于场景变化太快，学生并不能马上记住一闪而过的台词，如果倒回去重复看，很多同学又觉得浪费时间。还有任务三，语用能力的培养涉及方方面面，需要多方配合，很难在短时间内见效。不少学生并不清楚语用能力究竟是哪些能力。这些都是口语课堂面临的困境：口语课堂并不能完全模拟真实语境，也不能针对每个学生设计个性化的教学方案，大班课堂并不适合口语教学。

4.1.4 研究者的整体反思

本次行动研究历经三个阶段、三个学期，共计耗时 16 个月完成。在行动研究开始之前，笔者注意到教学中存在的问题，但是却苦于找不到解决途径。在参加了文老师主持的跨校互动发展团队之后，笔者开始接触外语教学理论、二语习得理论，并有机会和团队里的各位老师讨论学习。在近两年的时间里，笔者一边参加团队的活动，一边实践行动研究计划，生活充实，工作也卓有成效。笔者在不知不觉中成长，从最初单纯的教学实践者逐渐成长为兼具二语习得理论、教学理论与教学实践于一身的学术新人。在教学工作中，由于笔者不断改革教学方法，把新的教学理论引入教学实践，并结合以往教学的实践经验，反思教学效果，经过几轮教学实验，笔者的课堂教学效果也有了很大的提升。有付出才有收获。每个年轻教师的成长都离不开辛勤的耕耘，都离不开专家的扶持指导和同人的帮助关怀。

在本研究将近一年半的实验过程中，笔者与学生的关系也经历了变化。最初，笔者的身份是教学主导者和主旨发言人，基本上垄断了课堂教学，学生并不发声，只能被动接受教学内容，信息流呈单方向流动。教师不知道每堂课的教学效果如何，也不知道每个学生的接受程度如何，更无法跟进学生的学习进度。在笔者将行动研究教学经验引入课堂之后，师生关系开始发生变化，由过去教师孤立的教学模式转变为师生积极互动的良性关系。学生自主学习的积极性大大提高，学生真正成为教学的主体，学生的学习进展能够及时反馈给教师，教师根据反馈信息对教学进行调整，以适应学生情况。如此循环，师生之间相互促进，极大地提高了教学效果。更可喜的是，行动研究拉近了教师与学生之间的情感距离。两者之间不但有教学互动关系，学生更愿意信任和依赖教师。亲密和谐的师生关系促进了教学效果的最优化。

行动研究教学实验的意义不仅在于提高了教师的科研意识、教师的教学创新意识以及教学效果，还在于创造了一个团队。在这个集体里，教师们群策群力解决教学难题，分享教学经验，相互学习，互通有无。正是作为这个团队中的一员，笔者才能快速成长。

4.1.5 反思与简评

实践证明，行动干预是促进教学效果的有效研究方法。影响教学效果的变量很多，如何有效地控制相关变量，如何协调相关变量，实现教学效果的最优化是我们首先要思考的问题。行动干预作为一种尝试手段，收到了不错的效果。总体来说，行动干预展示出以下几个优点：一是集研究与实践于一体，整个过程融合了研究、实践、反思等多个环节，形成螺旋式循环；二是即时反应，研究过程中出现的任何问题都可以及时得到调整和解决，避免出现重大的错误；三是可操作性强，尤其是在教学实践中，行动方案使教学阶段显性化，阶段教学评测量化，数据客观，有利于进一步改革；四是行动干预可以和不同专业领域的理论结合使用,如本研究就融合了行动干预和产出导向法,事实证明,两者结合有积极的促进作用。另一方面,行动干预也有局限性。比如,行动干预什么时候介入最佳?行动干预的时长如何把握?行动干预重复使用是否还能保持有效性?行动干预的生命力周期是多久?行动干预是否只在心理学领域才能发挥最大作用?行动干预是否可以更加明确化?这些问题都亟待回答。

二语教学与二语习得息息相关,任何一种理论上的突破都会给教学注入新鲜的力量。长久以来,尚未有哪一种教学方法可以长盛不衰。事实证明外语教学是如此复杂,尤其是口语教学,目前学界尚未有统一的二语口语教学法,探索还在进行之中。在此背景下,行动干预无疑是一种有益的尝试,为二语教学提供了新的思路。

口语能力一直是我国大学生英语能力中的弱项。本研究将行动干预引入课堂,进行了为期三个学期的课堂实验,旨在改进教学效果,提高大学生的英语口语能力。三个学期分别对应研究的三个阶段,三者呈层层递进关系。在第一阶段里,行动干预主要是促进学生掌握正确的语音语调;在第二阶段里,行动干预主要引导学生学习发音与言外之意的关联;在第三阶段里,行动干预试图构建动态语境观,让学生在动态语言环境下培养语用能力。最后,本研究总结了行动研究教学实践的理论和教学经验。

4.2 提高大学生口语表达能力的行动研究[1]

4.2.1 研究背景

笔者目前是一所医科大学的英语教师,拥有九年教龄。教育部颁发的《大学英语教学大纲》及《大学英语课程教学要求(试行)》明确指出,大学英语教学的目标是培养学生的英语综合应用能力,特别是听说能力;使其能用英语交流信息,提高综合文化素养,以适应我国社会发展和国际交流的需要。其中,口语能力和水平无疑是信息交流中重要的影响因素。因此,在课堂教学

---

[1] 本节案例由首都医科大学华瑶老师提供。

中，我比较注重对学生口语表达能力的提高。开展课堂话题讨论是目前英语口语教学中锻炼学生口语水平的重要方式，也是我上课常采用的方法。

2011年之前，我一直在教授七年制本硕连读的学生，他们的英语水平普遍比五年制本科学生要好，我所教授的是七年制学生中英语水平较好的班级。由于他们对很多话题已经可以较好地开展讨论，只是需要教师提供更多的机会，所以口语课程的进展一直比较顺利。2011年9月，我开始教授2011级五年制本科一年级两个班的学生。当时，这两个本科班的学生在入学分级考试中的英语成绩在全年级排在最后。虽然我对这两个班学生的英语水平已经有了思想准备，但我在最开始上听说课时，也像以前一样积极地通过教材中提到的话题组织课堂小组讨论让学生互动，并没有调整之前的教学方法。不过，我很快发现了问题。在口语教学过程中，时常出现的情况是，课堂沉闷，学生说话内容很少且简单，师生互动不起来，话题讨论活动开展困难，口语教学效果不佳，这使我经常体会到强烈的挫败感。我隐约感觉到，仅仅为学生提供讨论话题，增加学生开口说话的机会对于水平较差的同学来说是远远不够的，我需要改善自己的口语教学，具体、有效地指导学生开展话题讨论。

非常幸运的是，2011年9月我参加了北京市高校英语教师跨校互动发展团队，在文秋芳教授的悉心指导下对行动研究有了深入的了解。行动研究是以解决现实问题与改善现状为目的，具有行动性、参与性、探索性、反思性和循环渐进性的研究，是教师提高教学实践能力并实现教师自身素质和职业能力发展的必由之路（Wallace, 2000）。教师要重点关注遇到的教学问题，并不断进行反思，设计出有效的实施方案，找到有效的方式改进自己的教学（甘正东，2000）。文老师的指导给了我很大的启发，我决心通过行动研究的方式来改善口语教学。2012年2月到12月，结合行动研究理论和自身教学经验，按照行动研究模式（见图4.1），我对这两个本科班进行了为期两个学期的行动研究，利用听说课的时间，明确目标，具体指导学生开展话题讨论，适时对教学效果进行反思，不断调整和完善教学方法，较显著地提高了学生的口语表达能力。

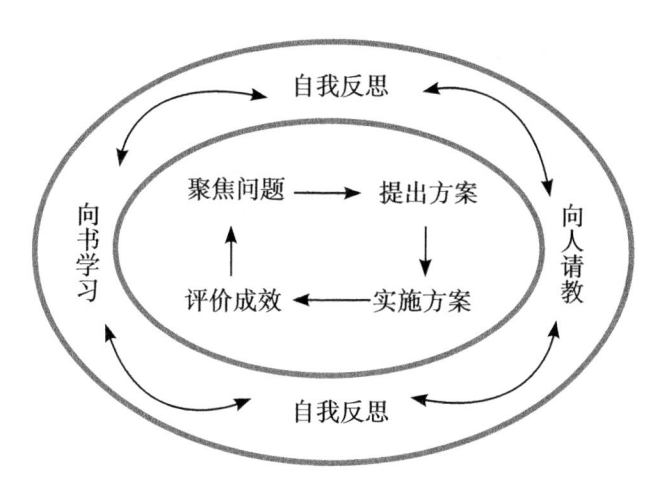

图 4.1 行动研究模式

4.2.2 教学问题的发现、确定及探究过程

4.2.2.1 教学问题的发现

在第一学期最初几节课上完后，我发现，当教师让大家分组讨论的时候，面对大家感兴趣的话题，学生们在努力说出几个简单句子之后，就开始用手机查单词，还有的组很快就开始用中文讨论了；面对一些不太熟悉或者需要大家深入思考的话题，大家说的内容往往非常概括和笼统，学生们基本只说一两个简单的句子，不去进一步具体描述，句子里有效信息非常少，课堂气氛很快沉闷下去。当小组讨论结束，让每组同学分享答案的时候，大家总是推来推去，让别人来回答。最后回答的同学常常很不好意思地小声甚至很含糊地说出几个词或者短句，之后会思索很久，再说几个词或短句，这往往让人很难理解他们想要表达的意思。看得出虽然他们很努力地想表达，但最后往往因为实在想不出如何说，就放弃了，直接说"That's all."。这种状态让其他学生也没有兴趣听下去，同时使我也左右为难。如果总是打断学生，就会打击他们的积极性；如果继续让他们这样回答下去，别的学生就没有兴趣听了，还会占用很多宝贵的课堂时间，达不到学习和交流的目的。

4.2.2.2 教学问题的确定

学生的上课状态让我认识到学生口语表达能力差,因此回答问题非常简单和笼统,这样导致课堂讨论效果很差,最终无法帮助学生提高口语水平。我决定和学生们交流,询问他们口语表达的困难。综合我的认识和学生的反馈,发现是如下原因导致的:

首先,学生对课堂中讨论的话题兴趣不高,缺乏口语学习的积极性;

其次,学生缺乏相关主题词汇和句型的支撑,无法反复地运用练习。

面对学生出现的问题,我通过反思自己的教学发现:

首先,课堂中讨论的话题很多并不贴近学生生活,且话题较难,这不能引起口语水平较差的同学的兴趣,很难调动他们的积极性;

其次,不管是综合课堂还是听说课,往往注重活动的形式,缺乏具体的措施以及合理的指导方案帮助口语水平较差的学生逐步提高口语水平。

4.2.2.3 教学问题的探究过程

为了进一步探究解决办法,我决定首先阅读文献,获得理论知识的支撑以及了解他人可供借鉴的方法。通过翻阅文献我了解到,皮亚杰(J. Piaget)的建构主义认为,教师应该引导教学的进行,使学生掌握、建构和内化所学的知识技能,从而使他们进行更高水平的认知活动(Burns, 2011)。苏联心理学家和哲学家列·谢·维果茨基(L. S. Vygotsky)提出了"最近发展区"(Zone of Proximal Development)概念,意指学习者现有水平与即将取得的潜在发展水平之间的距离。基于建构主义的支架教学模式(scaffolding)用于教学实践上,就要求教师的教学目标应该稍微领先于学习者的发展,教师所搭建的支架协助,必须使学习者的发展层次逐渐向最佳化的"最近发展区"贴近移动。反观我的教学,我在课堂上没有通过指导话题讨论搭建有效的"支架",帮助学生将新旧知识进行有效结合来深化和内化他们的知识结构,就更不能实现学生对知识的自我建构。因此,在这种情况下,如果在课堂上还按照之前的方式继续让学生互动,必然达不到很好的效果。我在阅读斯科特·索恩伯里(Scott Thornbury)的著作《如何教口语》(*How to Teach Speaking*)时发现,书中举例指出了支架教学模式在口语教学中的应用对提高教学效果起重要的作用

(Thornbury, 2005)。这些实例给了我很大的启发,我决定根据学生的实际情况来设计口语教学。

4.2.3 第一阶段行动研究（2012.2—2012.6）

利用听说课的时间,从简单的、贴近学生日常生活的话题讨论入手进行小组讨论,同时搭建支架,帮助学生使用话题词汇和多样句式,锻炼学生基本的表达和会话能力,为之后的深入讨论打下基础。

4.2.3.1 方案设计和实施

在2012年新学期初的两周,当我发现学生口语表达能力差之后,我认为如果要提高学生口语表达能力,应该充分利用听说课,集中解决口语教学中的主要问题,我设计了如下措施:

1) 针对学生对课堂中讨论的话题兴趣不高,缺乏口语学习积极性的问题,我选择了学生感兴趣并且关注较多的日常话题,并明确本学期的目标为锻炼学生们的基本表达和会话能力。一共14周的课程,每两周谈一个话题,共讨论七个话题。通过了解学生们感兴趣的话题,并加以归纳整理,最后确定的七个话题依次为: people (friends and relatives)、hobbies、holidays、dormitory life、shopping (clothing)、movies and advertisements、interpersonal communication (complaining, celebrating & suggesting)。

2) 对于学生缺乏相关主题词汇和句型支撑的问题,我认为要及时补充和扩展足够的表达方式,帮助学生拓展他们的表达方式。

第一,在小组课堂讨论前后,教师都要提供并拓展主题词汇,丰富学生的表达。例如:

教师提问: What kind of person can be your friend? Why?

教师提供的词汇: honest、romantic、patient、warm-hearted、adventurous 等

学生回答: My friend is a warm-hearted person. He can help me when I am in trouble.

教师反馈: help 和 when you are in trouble 还可以用 do you a favor、lend you a helping hand、give you a hand、offer help 以及 when you are in trouble、when you meet difficulties、when you confront hardship 等短语或从句来表达同样的意思。

第二，根据学生给出的回答，教师要适时引导学生使用多样和复杂句型，帮助学生表述得更加具体化。例如：

教师提问：Do you like making friends? Why?

学生回答：I like making friends because it can give me a lot of fun. We can also learn from each other.

师生探讨：

教师：我们可以互相学什么呢？

学生：每个人的经历都不同，我们可以从中学习。

修改后的方案：

1. I certainly like making friends. Since we may come from different backgrounds and majors, we can definitely gain insights from the experiences of each other.

2. I like making friends because a friend is a kind of person from whose experiences we can gain precious insights.

3）针对学生缺乏反复训练的问题，教师应该给学生提供具体的练习内容，并督促学生在课下进行练习。

除了课上的反复练习，每个主题讨论完，根据讨论的主题内容，教师给学生们提一个问题，让大家课后继续运用所学的句式和词汇来表达，并把自己的话录下来发给教师，作为平时成绩的一部分。例如，课后让学生回答引申的话题：How do you describe one of your friends? Share with us a story between both of you. 除了练习，请大家使用：... is the kind of person who ...、Speaking of / when it comes to sb, I would like to talk about ...、Something that touched my heart / impressed me most about him / her is that ...、I'll never forget the moment when ...、I adore him / her, not only because ... but also because ... 这样，学生就能够有针对性地练习。同时，教师每次都要挑出说得比较好的录音，在课堂上与大家分享。

4.2.3.2 第一阶段的效果和反思

这一阶段讨论的都是日常生活中常见的话题，贴近学生生活，难度不高，通过我的具体指导，学生的自信心都明显增强了。通过小组内、师生之间的对表达方式的讨论以及范例演示，我发现学生口语中出现的词汇和句型比之前要丰富了许多，在对人或事的描述，以及日常生活的常见会话上有了进步，学生口语的基础表达能力有了提升。通过记录课堂观察笔记，我发现在精读课中，有时候学生们也会用到一些口语课练习和讨论过的句型和表达。例如，在讲课本中有关地震的文章时，当我问学生"What do you know about earthquake?"，我欣喜地发现学生用到了这样的句式："Earthquake is a kind of natural disaster that may cause huge damage to our life."。同时，在收集的学生课后练习的录音中，我发现大多数学生能用到一些课上练习过的句式和词汇，内容较之以前更具体和明确，流利度也有所提升。我听到了这样的句子："When it comes to my friends, I would like to talk about my boyfriend. He is a very romantic person who like (likes) to use music to express his feelings. Something that impressed me most about him is that he plays (the) piano very well! I will never forget the moment when he played *For Elise* for me on my birthday! I like him not only because of the beautiful music he played but also because of the happy (joy) and surprise he brings (brought to) me!"（括号里为我帮学生改正的语法错误）。在和学生的交流中，他们觉得不再像学期初那么迷茫了，感受到了自己的进步，也有了努力的方向。他们希望在目前的基础上，能运用英语去表达自己对更多事物和问题的看法。

通过不断尝试，这一阶段学生已经能够沿着教师搭建的支架不断地提升自己的表达能力，初步建立了对口语表达的自信和兴趣，并对口语提升有了自己的目标和进一步的需求。这说明对于口语较差的同学，教师搭建支架是必要的，也是有成效的，这让我非常有成就感。

4.2.4 新问题的发现、确定和探究过程

4.2.4.1 新问题的发现和确定

在第一阶段后期的教学实践中，当我准备循序渐进地开始尝试让学生们就教材上的社会性和学术性话题进行讨论时，我发现即便是给大家补充了相关句型和主题词汇让大家去练习，课堂讨论的效果还是下降了，又开始出现沉闷的气氛。学生们反映，他们觉得话题难度过大，不知如何入手。通过仔细观察以

及与学生交流，发现这主要是因为：第一，学生对于学术性、社会性的话题背景不太了解；第二，当被要求对某种现象发表自己观点的时候，他们不知如何入手进行分析，更无法进行深入讨论，沉默的时候居多；第三，能够开口的同学，所说内容却毫无逻辑性可言，想到一点就说一点，自然也无法归纳出完整的回答。这让大家的挫败感再次增强。

4.2.4.2 新问题的探究过程

面对遇到的新问题，我查阅了相关文献，文秋芳教授指出，"实践证明，没有一定语言材料的输入，学生很难讨论那些有思维深度的问题"（文秋芳，1999b：3）。可见，学生所说的话题难度过大，部分原因是缺乏相关的背景材料输入。因此，为了帮助学生更好地参与课堂讨论，我还需要补充学生可以利用并从中获得提示的背景材料。同时，对于学生思维能力的培养，文教授指出，"口语课既有训练语言技能的要求，也有培养思维能力的要求"（文秋芳，1999b：3）。这让我意识到，之前只重视语言输出，确实忽略了对学生思维能力的培养。文教授还指出，"大学生思维能力的培养包括三大块：逻辑思维能力、辩证逻辑思维能力和创新思维能力……逻辑思维能力包括分析与综合能力、抽象与概括能力。辩证思维能力包括多角度分析问题的能力，换位思维能力，从发展和变化的角度分析问题的能力，一分为二看问题的能力。创新思维能力包括发现问题的能力，批评能力，解决难题的能力。形式逻辑具有条理性、精确性和统一性。辩证思维具有灵活性、全面性和深刻性；创新思维具有探索性、多样性和不定性"（文秋芳，1999b：2）。面对学生出现的不知如何分析和逻辑性差的问题，教师可以先从逻辑思维能力的培养入手。因此，除了继续帮助学生拓展词汇和相关句型外，当课堂主题开始向教材中提到的一些有难度和挑战性的社会性、学术性主题靠拢的时候，教师除了要提供相关背景素材，还要继续搭建支架，帮助学生分析问题，找到讨论问题的切入点，帮助他们理清思路和逻辑，更好地参与课堂讨论。

4.2.5 第二阶段行动研究 (2012.8—2012.12)

这一阶段的教学目标是，利用听说课的时间，从综合课和听力课教材中选择社会性和学术性话题进行小组讨论，继续拓展学生的主题词汇和相关句型，重点提升学生的逻辑思维能力，帮助学生分析问题，理清回答问题的层次和逻辑性，从而达到提高学生口语表达能力的目的。

4.2.5.1 方案设计和实施

2012年第二学期初的两周，面对课堂气氛下降的情况，我认为本学期主要解决如下问题：(1) 学生对话题的背景知识不了解，不知如何入手讨论话题；(2) 学生思考问题不全面、不深入；(3) 学生思维缺乏条理和逻辑性。除了继续沿用上个学期完善学生的表达方式的方法之外，我具体设计了如下措施。

1) 发散性思维能力的培养

面对学生不知如何入手讨论话题的问题，可以利用语音室、开放网络，课前帮助学生思考可以从哪些方面入手来讨论大话题，同时要加强学生背景知识的输入。

首先，上课前一周，教师公布话题，要求学生把话题细化，让每个组在课下查阅相关资料，想一个与话题相关的子话题。例如，第一周讨论的话题是 caring for our earth。教师让大家想想，要保护地球，我们可以从哪些方面做起。经过讨论，六组同学提出的六个子话题分别是：rain forests protection、sandstorm prevention、endangered animals protection、slowing down global warming、disposal of plastic waste and electric appliance control、ozone layer protection。

其次，在课前，第一，要求学生利用子话题的关键词汇查询相关背景内容，概括成简短的一段；第二，要求学生将背景内容和可能用到的生词及表达方式提前三天发给教师，教师及时对内容和生词进行删改，去掉过难、过专业化的词汇以及不相关的内容，当天再发给学生；第三，要求每组学生在课上展示这些背景信息和生词表，之后提出问题供大家讨论。

通过在课堂上分享对一个话题从不同方面进行的分析和说明，学生能够较为全面地形成对一个问题的认识。

2) 分析和归纳能力的培养

针对学生思考问题不全面、不深入的问题，教师根据每组同学提出的子话题，先引导学生分析并归纳回答话题的各个方面，然后再由小组详细讨论，拓展学生思维的深度和广度。为了调动大家回答的积极性，在分析问题的阶段，我和学生们的讨论都是用中文进行的。例如，根据学生有关 rain forests protection 的背景介绍和生词表，教师和学生开展了如下互动：

表 4.1 师生互动实录

教师	学生
先提问："森林有哪些好处呢？"	"可以多吸收二氧化碳，使全球变暖减慢。" "还可以防止水土流失，阻挡沙尘暴！" "刚才背景材料里说到，很多人和动物都生活在雨林地带，保护森林就是保护我们自己！"
继续提问："我们如何保护森林？"	"多种树，可以给每个种树的人奖励！" "可以多做宣传，让大家有保护树木、多植树的意识。" "得有法律保护，惩罚那些砍树的人！"
追问："难道完全不能砍树吗？"	"可以砍，但不能乱砍，得在法律允许的范围内。" "种的树要比砍的多！"

讨论之后，留给每个小组时间让大家参照屏幕上的英文词汇，开展小组讨论，并总结成英文。

3) 形式逻辑的培养

针对学生的回答欠缺条理和逻辑性的问题，教师要指导学生有效利用背景材料和相关词汇，理清层次，完整并有逻辑性地回答问题。

例如，根据 rain forests protection 的背景内容和问题 "Why do we need to protect forests and what measures can we take?"，一个小组总结他们讨论后的回答为："Rain forests are disappearing at a rate of 100 acres a minute. Forests protection is very important to us. We should arouse people's awareness of forests protection. Trees can take in carbon dioxide and slow down the global warming. Trees can also stop water and soil erosion and sandstorm. We should create laws to stop people from cutting trees. If we really need to cut trees, we should plant more trees than we cut. And people should be punished if they are against the law of forests protection. People who plant more trees should be awarded by the government.". 教师边听边把答案打在大屏幕上（已改正基本语法错误）。然后，我和大家首先理清了回答问题的思路：森林重要性（参考词汇表、背景材料）—森林面临减少的危险（参考背景材料）—我们要保护森林—保护森林的措施（参考师生分析和讨论的内容）。学生之前的表达缺少连接词，没有体现出句子和句子之间的逻辑关系。

根据背景材料，让大家一起把原来的答案按如下的逻辑顺序进行修改和调整："Forests are of vital importance to us. Forests can ... **Besides**, forests can also ... **Moreover**, ... **Nevertheless**, ... Rain forests are disappearing at a rate of 100 acres a minute! To protect forests, **first of all**, we should ... **Another important measure to carry out** is to ... **Thirdly**, ... even ... **However**, ... We must also ..."。整理好的答案要求大家回去大声阅读并背诵，下次课检查。

4.2.5.2 第二阶段的观察和发现

在这个阶段，课堂讨论的话题一般是教材中提到的一些社会和学术方面的话题，在教师的不断示范以及帮助学生分析问题的过程中，学生的思维能力有所提升，口语深度表达能力得到了锻炼。

在课堂上，大家畅所欲言，集思广益，各种火花不断闪现；学生们在交流中感受到了乐趣，学到了新内容。我拿出一年前收集的学生口语考试的录音，要求学生再回答一遍，并进行了录音。一年前，一个学生对于"What do you know about the differences between Chinese and Western culture?"的回答是这样的："Um ... I think we use chopsticks but they use forks. Um ... And we have different holidays, like Christmas and Spring Festival. We eat different food during the holidays. We eat dumplings but they eat turkey. Um ..."。这次，在思考了一分钟后，这个学生现在的回答是："Talking about the differences between Chinese and Western culture, as far as I know, um ... They at least lie in three aspects. First of all, holidays. We Chinese people regard Spring Festival as the most important holiday for um ... family reunion um...while Christmas is a big holiday for Westerners to give gifts and um ... express love to each other. Secondly, greetings. We like to say 'Have you eaten?' when we meet each other; however, for Westerners, they may just say 'How are you doing?'. Thirdly, education. In China, we pay more attention to examinations. However, in Western countries, um ... they um ... believe creativity is important."。可见，学生们所表达的内容虽然存在偏颇之处（比如上述第三点属于刻板印象），但已经有了一些多角度、深入性和逻辑性的趋势。

4.2.5.3 第二阶段的反思

这一阶段的行动研究基本达到了我的预期效果，每次和学生的交流都有惊喜：他们积极主动地思考问题，能够把思考后的内容有逻辑性地总结归纳，提供相对比较完整的回答。这让我看到了他们明显的进步，更加体会到了教师搭建的"支架"以及提供的各种具体方案和措施在学生口语能力提升方面的重要作用，这让我颇有成就感并且对口语教学工作更有信心。

当然，本阶段的话题讨论对教师也提出了更高的要求。在这一阶段我花费的精力比较多，课下在选择话题、梳理发散性的子话题、筛选资料、阅读和了解话题的相关知识、审核和修改学生找到的资料，以及帮助学生总结和归纳关键词方面都做了比较细致的工作。在课上的时候，学生们在思维碰撞的过程中，也经常给我很多的火花和亮点。这也使我深刻地感受到课堂的挑战性，作为教师，必须做好充足的准备工作，同时多学习、多思考，才能在课上给学生更好的指导。

虽然本学期对学生逻辑思维能力的培养初见成效，但要想大幅度提高学生的口语表达能力，不能总是依靠教师提供的"支架"，这样从长远上看无法提升学生思维的主动性，会限制学生的思维自由。所以，按照教师提供的话题和思路进行一个学期的社会性和学术性话题的讨论是远远不够的，这只为学生提供了一个好的基础和开始。我认为，下个学期可以对学生的辩证性思维能力和创新思维能力进行培养，让每组的学生选定具有一定争议性的话题，介绍背景，进行讨论，鼓励学生们独立探索问题，一分为二地看待问题，多角度地分析问题的原因和解决方法，逐步撤离教师的"支架"，提高学生锻炼口语表达能力的自主意识。只有这样，学生独立观察、思考、分析、归纳和总结以及解决问题的能力才能真正培养起来。

4.2.6 反思与简评

本次行动研究旨在通过有效指导话题讨论，改善口语课堂教学效果，进而提升学生口语表达能力。研究分两个阶段进行。第一阶段，从贴近学生日常生活的话题入手进行小组讨论，拓展学生的词汇和句型，帮助学生夯实口语的基本功。第二阶段，从综合课和听力课教材中选择社会性和学术性话题进行小组讨论，重点锻炼学生思维的深度、广度和逻辑性，帮助学生能够较好地讨论具有思维挑战性的话题。经过两个学期的实践，学生的口语水平以及自信心都有了明显提升。由此可见，在教师搭建"支架"的具体指导下，分阶段地开展话题讨论活动能够调动学生学习的积极性，是改善课堂讨论、提高学生口语表达能力的有效途径。

同时，在与学生不断讨论和互动的过程中，本人积极探索、发现问题、设计解决方案、积极实践、努力反思总结，丰富了对口语教学的认识。在实践过程中，本人也加强了自身的课堂组织和管理能力，并通过与学生的不断沟通和交流，师生关系也变得非常融洽。本次行动研究不仅提高了学生的口语水平，也是本人在职业成长道路上的一次跨越。

4.3 提高大学生英语写作水平的行动研究[1]

4.3.1 研究背景介绍

2010 年冬天，我在中国人民大学参加全国大学英语四级阅卷工作，负责写作的评分，面前有一大摞的作文等着评阅，但令人遗憾的是这些作文千篇一律地使用"Every coin has two sides."和 with the development of the society 等表达，滥用连词或连接句，论证无力、无新意。到下午的时候，我开始头晕，偶尔读到一篇内容"清新"的文章，就好像吸了一口新鲜空气。

---

1 本节案例由中国政法大学张文娟老师提供，曾刊发于《中国外语教育》2013 年第 4 期，编入本书有改写。

这次阅卷经历促使我对写作教学进行深刻反思。

我从事大学英语教学已经六年，一直认为写作是最能体现语言综合应用能力的产出活动，但也是我国大学英语教学最为薄弱的环节。通过和同行的交流，我了解到大学英语综合课程往往以"读"为主，兼顾"听""说"，而针对"写"的教学一般仅限于给学生布置写作任务、批改或引导学生互评，写作教学在大学英语教学中所占的比重不大。

从教学成果来看，我国大学英语写作教学的成果并不显著，学生的写作水平与各高校的培养目标和期待相去甚远。我所在的学校为教育部直属的重点大学，在教学中我发现大多数学生的写作在语言表达、谋篇布局、观点深度上都有待提高。为了帮助学生顺利通过四级考试，同行们会将教学重点转移到对学生的考前辅导上。让我感到羞愧的是，在以往的教学中，我也曾在考前写作辅导中帮助学生"速成"，包括收集往年真题、归纳作文题型、讲解写作"套路"、帮助学生记忆过渡句和背诵例文，突击练笔。

难怪会有那么多千篇一律的作文！从教师视域向评阅人视角的转换，让我感到羞愧的同时，也让我下定决心要打破应试教学的藩篱，在写作教学上"做点什么"。

为此，经过近半年的摸底和计划，我从 2011 年 9 月开始，在 2011 级新生中进行了为期三个学期的行动研究，分阶段帮助学生提高英语写作能力。

4.3.2 教学问题的发现、确定及描述

我决心改进教学，将写作教学融入日常的教学。首先，我对写作教学的现状进行了梳理，发现了影响学生写作能力提高的三大突出问题。

首先，学生对写作的认识和态度存在偏差，回避写作。在每一级新生开学时，我都会做一次问卷调查，以了解学生的英语学习经历、学习态度和策略、对自己语言能力的认知以及对大学语言教学的期待。根据历年的问卷结果，我发现多数学生迫切希望"提高听、说能力"，虽然有部分学生对自己的写作能力的评价不高，但几乎无人提及"希望加强写作能力的训练"。进一步访谈时，我得到了让人啼笑皆非的答案："不太愿意写作""害怕写作""语言积累到一定程度就自然写出来了""考试时一逼作文就会出来的""字数够应该就能及格"。

这些有代表性的意见反映了学生明显的应试思维和对写作的回避态度。

其次，学生在过去的语言学习经历中，产出机会很少。根据对问卷结果的分析和对学生的追问，我了解到学生在高中阶段虽然海量做题，但题型多是为机器阅卷而设计的客观题，语言书面产出机会不多，少有的写作教学和练习也仅为了应付高考。进入大学后，一些课堂更注重阅读和听、说教学，写作教学往往仅限于布置写作任务和批改作文，并没有纳入日常的教学之中。很多学生为了应付四、六级考试，临时抱佛脚，或参加考前培训，或购买"速成宝典"，背诵例文和句子，日常写作练习不多。

最后，从以往学生的习作看，学生的习作除了语言问题外，表达的内容也缺乏广度和深度，学生习惯"命题+提纲"式作文，而一旦脱离提纲，习作往往只重形式而轻内容，言之无物。从学生对写作的态度来看，一些学生将写作看成是"考试的一种题型"，认为"考试时一遍作文就会出来"，很少有学生将写作作为表达思想、书面交际的过程，这可能也与我国的外语学习环境相关。分析原因，学生写作言之无物，一方面可能说明学生并没有将写作视为有意义的书面交流过程；另一方面可能说明学生的思辨能力和创造性思维有待提高。

以上三个问题或多或少与学生的应试经历相关，我意识到要想摆脱应试教学的藩篱，从根本上提高学生的写作水平，就必须直面写作教学中的这三个问题。

4.3.3 第一轮行动

4.3.3.1 行动方案的设计

问题确定后，我一边继续通过访谈获取相关数据，以进一步了解学生的写作问题，一边阅读文献，寻找解决方案。大量的研究表明，学习者的情感态度是影响第二语言习得成败的关键（Brown, 2000）。对影响写作的三大问题进行总结和梳理后，我决定将第一个问题——学生对写作的认识和态度存在偏差——作为首要问题，将帮助学生建立写作信心作为行动第一阶段的重点。

根据访谈数据，学生自我汇报的回避写作的原因有三点：一是应试教学遗留的惰性，只愿意做选择题，不愿意进行创造性的产出活动；二是写作时不知道如何下笔，感到恐慌；三是自认为语言水平不高，写作信心不足。这与文献

(如郭燕、秦晓晴，2009）中提及的我国多数学生对写作过程呈负面的焦虑态度，回避行为接近高焦虑值的结论相符。结合我收集的数据和文献，我将学生产生回避态度的原因归结为两点：一是未意识到写作的重要性；二是没有体验到写作的乐趣。

根据这两点，我制定了第一阶段初步的行动计划。

一是从认知上对学生进行引导，通过"晓之以理"的方式让学生意识到写作技能的重要性。在英语作为外语的环境下，在校的学生很难有真正的英语交际需求，教师必须引导学生明确写作（作为产出活动）对语言学习的必要性，并让学生意识到写作（作为交际手段）在未来学业和职场中的重要性。

二是让学生体验写作的乐趣，消除"恐惧感"。如上所述，学生除了对写作的重要性认识不足外，也没有将写作视为表达思想、书面交际的过程。因此，我必须引导学生通过写作表达真情实感，体验写作的成就感，建立写作信心，改变"写作只是一种考试题型"的刻板印象。

4.3.3.2 行动方案的实施

我决定在新一级的学生中展开写作的行动研究。九月初新生开学，我再次通过问卷了解这一级新生对写作的态度、策略和教学期待。不出所料，问卷结果再一次印证了我之前的结论——学生回避写作。我按照计划开始着手第一阶段的行动。

开学第一周，我利用"新生课程导航"的时机，对学生进行了写作重要性和必要性的显性引导。我通过 Swain 的输出假设理论，让学生认识到产出对语言学习的重要性。在强调口头和书面产出对语言学习的重要性后，我又和学生讨论了未来的职业取向，强调写作技能在未来学习和职场中的作用，晓之以理，引导学生正确对待写作技能训练。

除了"说教"，让学生体验到写作的乐趣，才能真正让他们从情感上接受写作。我制定了三周完成一篇习作的计划，为了"勾起"学生的写作兴趣，在题目的布置上我遵循循序渐进的原则，由易到难，同时关注学生的兴趣点，让学生有话可说。在作文的反馈上，我将关注点放在学生的动机、心理上，弱化语法纠错。

《新编大学英语（第三版）综合教程1》第一单元有两篇情真意切的精读

文章，一篇是感恩读书时代的老师，一篇是老友故去后对友情的感伤。这两篇文章正好可以作为情感催化剂，帮助学生体验写作表达真情实感的过程。于是，在完成精读后，我布置了与课文同主题的写作任务——以"An Important Person in My Life"为题，写一篇记叙文，词数不限。

两周内我收到学生作文，开始批阅。大多数学生以父母作为写作对象，回顾自己求学生涯中父亲或母亲无私的爱、奉献和包容。习作中出现了很多语用错误，但读起来情真意切，我深受感动。

这一轮行动的目的是为帮助学生表达真情实感、建立写作信心，因此我刻意不做"法官"，少挑刺、多鼓励，边读边与作者交流，在感动之余写下类似"You are so lucky to have such a great mom."的批注，并用impressive、touching等词表达赞叹。在批阅的同时，我收集习作中的精彩句子、感人段落，做必要修改后制成幻灯片，在课堂展示；个别优秀习作则在课堂通篇朗读。受到同学习作的感染，许多学生感同身受，眼里含着泪花，一节作文反馈课，几乎变成了亲情教育课。

按照教学计划，三周后我再次布置写作任务。这次，我决定布置"观点类"的议论文写作任务，由浅入深。布置什么题目比较好呢？鉴于本阶段行动的目的，题目既不能太难，也不能离学生生活太远，必须符合学生的兴趣点。我在新闻报刊中广泛收集话题，最后决定以教育部取消大学生结婚禁令为引子，让学生探讨大学生的婚恋利弊。

我向学生提供了以下报刊材料：教育部对在校大学生结婚不再限制，只要符合《中华人民共和国婚姻法》和《婚姻登记条例》，大学生就可以结婚。有人认为这是一种人道主义进步；也有人认为这必将带来社会问题，一些家长和教师表示担忧。布置任务时，我对这一规定做了简单解释，对其中的生词和表达给出提示，并在课堂开展了五分钟的讨论。随后要求学生就此话题写一篇文章，表达自己的见解，词数不限。

有了第一次的写作经验，学生这一次的作文有了进步，最显著的特点是文章的篇幅普遍变长了。因为没有文章形式上的限制，学生基本是以内容带动形式，自由发挥。习作中出现了一些形式新颖的写作，比如模仿新闻报道，用故事开篇，讲述两个大学生在校的婚恋故事以及他们面临的经济压力、住宿问题、学业影响等，之后展开评论："Getting married on campus is a right of an adult, however, it would bring about unexpected troubles ...". 不过，学生写作中也出现了一些问题，除了语言错误外，学生习作在内容上也存在明显问题：观点不明确，逻辑混乱，论证"忽左忽右"。

为了让学生建立写作信心，与第一次批改的准则相同，我尽可能多做正面评价，批阅时对好词、好句做标记，对观点独到、表达合理的地方进行赞扬。对于观点不明确的典型问题，我并没有在批改时直接指出问题，而是选取几篇其他班的典型问题习作和本班的优秀习作，复印并下发给学生进行小组讨论，让他们评选自己最喜欢的作品，并说明原因。在讨论中逐渐引导学生在写作中注意做到论点明确、论据充分、结构合理。

三周一次写作的惯例一直持续到第 12 周，学生共完成了四篇习作。每篇习作的布置都考虑到难度和学生的兴趣点，努力为学生创设交际情境，使学生有话可说。如果话题有难度，就先组织学生进行写前讨论；评价和反馈时与学生进行对话，表达赞赏；针对典型问题采用"示范"的方法，通过在课堂对比优秀习作和典型问题习作，让学生认识到问题，明确改进的方向。典型问题习作特意选取其他平行班作文，避免挫伤学生的积极性。

4.3.3.3 行动的效果与反思

经过几次有效的写作练习和课堂反馈，学生的写作热情明显高于往年学生，学生乐于接受写作任务，一些学生对自己的习作进行反复修改。在没有留写作任务的情况下，我还会时不时收到学生自拟题目的习作。对写作进行评阅，我发现学生写作的词数明显增多，在写作中能够自由表达，融入真情实感。此外，我也观察到学生参与课堂话题讨论的积极性也增强了，课堂氛围活跃。期末收集学生对课堂教学的反馈时，有近一半的学生提到了写作上的进步，让我倍感欣慰的是有好几个学生表示写作"有意思""有进步"。

尽管学生自感进步，但作为教师，我明显地意识到学生写作中的语言缺陷，例如词汇贫乏（如 important 反复使用）、句式单一（如同一主语的简单句连续使用）、表达不地道（如"The reasons are these."）等，这说明学生的语言准确性和丰富性还有待提高。

4.3.4 第二阶段的行动

4.3.4.1 行动计划和构思

针对第一阶段行动中学生作文中的语言问题，我将帮助学生提高语言使用的准确性和丰富性作为第二阶段行动研究的重点。

如何帮助学生在写作中更高质量地使用语言呢？写作是一种书面的语言输出，语言输出依赖语言的有效输入。二语习得理论中的"输入假说""注意假说"都为语言输入提供了理论支持。同时，"输出假说""自动化"等理论也提出写作是一种语言学习过程，有助于学习者检验句法结构和语言使用，可以促进语言运用的自动化。

因此，在这一阶段的教学中，我决定在精读和泛读课上将写作和阅读相结合，注重写前阅读，引导学生以读促写、以写促读。

4.3.4.2 行动方案的实施

我将第二阶段的行动放在第二学期，也就是一年级下学期，着重解决学生的语言问题。通过前阶段的文献梳理，我意识到写前阅读既可以激发学生的写作动力，又能为写作提供有用的语料。我主要通过三个途径获取阅读语料：一是课文，根据课文设计写作任务，使读写结合；二是根据写作任务的具体要求，提供课外阅读材料，比如为帮助学生了解议论文的基本结构，给学生推荐一篇议论文结构范文；三是向学生推荐经典文学作品或电影剧本，以此设计作文题目。

根据阅读材料的特点，我要么从逻辑结构、主题句、过渡句等宏观结构上引导学生探索名篇杰作的谋篇布局，要么从语言表达的角度欣赏精彩句子或段落，积累写作话题的语块。布置写作任务也以阅读材料或体裁为参照，或改写或摹写。

除了写前阅读外，为了让学生进一步明确写作中的问题，更好地汲取阅读中的精华，我在教学的同时收集语料，主要包括两种：学生作文中的词句、表达相同语义的好词好句（如表4.2所示前文提到的"原因如下"的表达）。

表 4.2 学生产出与阅读篇章词句对比

学生产出	阅读篇章中的词句
The reasons are these: first …	One of the potential causes behind … is …
One of the potential causes behind … is …	… is another possible source of …
There are several reasons:	… is particularly conducive for …
It is because that …	There are three risk factors contributing to …

针对这些语言问题，我边积累边总结，并设计针对性的语言练习，以改写、改错、翻译等练习形式，帮助学生提高写作质量。例如对"忽视"一词的表达，学生往往使用 ignore 和 neglect，通过引导，学生学会了使用 fail to take into account、be blind to 等，写作中的语言表达得到了明显的丰富和提高。

针对一些具有代表性的知识点和语言技巧，例如标点符号的误用、过渡句缺失、祈使句滥用等典型问题，我借鉴教辅和期刊论文的最新研究成果，总结成讲义，引用学生习作中的例子，在课堂上进行了专题讲解，配以针对性练习，帮助学生改进写作。这样既节省时间，而且效果明显。

4.3.4.3 行动的效果和反思

通过一个学期的写前阅读，配以语言练习和专题讲解，学生能逐渐意识到写作中的问题，再次写作时能有效避免，写作质量有所提高。同时，我发现学生的自我纠错能力、评价能力也有所提高，在进行写作后的同伴评价（peer review）时，特别能"评到点子上"；此外，学生对阅读篇章中的好词好句的敏感度增强，我在批阅学生的作文时，能时不时地读到一些阅读中出现的语块，说明学生能有意识地从输入中汲取语料并加以灵活使用。

但我仍然觉得不太满意。写前阅读为学生积累了语言素材，借助必要的输入，学生可以"依葫芦画瓢"，从词汇的丰富度、结构的合理性等方面来看，学生的写作质量的确有很大提高，但就文章的思想性而言，还有很大的缺口。

学生写作缺乏深度一度成为我写作教学的瓶颈。在本行动研究之前，应试教育的弊端显露无遗，学生习惯于提纲式的命题作文，受考试作文词数限制

(高考作文和四级作文约 150 词),学生没法做到自由表达。为了不丢分,一些教师对学生的要求是"按照提纲来写,不偏题,不写错句子,达到词数",对写作的深度和交际的有效性都不做要求。受此影响,一些学生的写作言之无物、内容空洞。经过前期两个阶段的行动干预,学生开始打破限制词数的命题作文的桎梏,尝试自由表达。

然而,写前阅读又在一定程度上限制了学生的思维;我发现学生在将阅读材料作为"范本"后,也会"膜拜"其观点,在同主题的作文写作时无法独立思考。例如在读过一篇名为《解析学术剽窃》的文章后,我布置了一篇案例分析题,案例是耶鲁大学某教授任教我国某大学时怒斥学生剽窃,要求学生根据案例,分析学生剽窃的可能原因(我期望学生从学生视角来分析,区分主观故意和非主观故意的剽窃,如惰性、网络信息的便利、不了解学术规则和要求等),并尝试给出对策。大部分学生灵活运用了写前阅读中的语块,但同时,不少学生也"照搬"了原文中的错误观点:"China has a culture of mimicry. In terms of idea, Chinese people are hesitant to be distinct from others."。显然,学生在写作时并没有进行积极的思考。

4.3.5 第三阶段的行动

4.3.5.1 行动计划和构思

写作是一种书面交际活动,不仅反映写作者的语言功底,也反映写作者的思想和情感。如果学生在写作时不能在遣词造句、谋篇布局中积极思考,即使语言功底再好,也无法写出内容丰富、思想深邃的文章,其交际的有效性将大打折扣。

在前两个阶段的行动中,我着重解决了学生害怕写作、写作语言质量欠佳的问题,但学生写作中暴露的"思想"(idea)问题一直存在。这与学生的思维惰性和认知深度有关,要提高学生的思辨能力,非一日之功。因此,我必须将帮助学生积极思考融入日常教学之中。

如何帮助学生提升写作中的思维深度?我想从两个方面来解决:
一是通过写作训练来解决;在写作训练中,我决定引入"过程写作法",

将写作还原为表达意义和思想感情为目的的交流活动，引导学生在写作过程中（写前、写中、写后）构思、成文、修改润色，在教师引导和同伴启发下拓展作文内容的广度和深度，同时通过同伴互评，使学生互为读者进行质疑、反馈，使写作过程成为交际过程，提高学生对写作交际有效性的认识。

二是通过日常教学活动，从根本上提升学生的思辨能力。在日常教学活动中，我决定多引导学生进行批判性阅读，培养学生对信息的综合、评价能力；同时，在课堂活动中引入辩论等形式，提升学生的思考能力。

4.3.5.2 行动方案的实施

第三学期，我正式开始第三阶段的行动。这一阶段的写作任务仍然是每三周一篇，任务设计不再局限于课内阅读材料，写作体裁也更丰富，包括对报刊评论文章的概述（summary）；写电影观后感，比如《阿甘正传》（*Forrest Gump*）、《当幸福来敲门》（*The Pursuit of Happiness*）；评论热点事件，比如"留学热""扶不扶"。除了练笔，我更期待学生能通过这些写作任务进行积极的思考，提升思辨能力，从而也从写作内容和思想上提升他们写作的质量。

为了达到激发学生思考的目的，我采用"过程写作法"，重视写作过程，将写作过程分为写前准备、完成初稿、反馈、修改和最后润色等几个步骤，引导学生将写作当作一种认知过程和交际过程，通过培养学生的思维能力来发现内容、准确表达内容，与读者进行"真实"的信息交流。

在写前准备时，我利用"头脑风暴"、小组自由讨论、撰写提纲等方式，帮助学生充分构思谋篇、资源分享、集思广益，以拓宽思路，使习作言之有物。以电影《阿甘正传》的观后感为例，学生看完影片后，我首先采用"头脑风暴"的方式，激发学生挖掘电影的主题，如友情、爱情、家庭教育、成功、战争等。接着展开分组讨论，每小组自选一个主题进行分析讨论，然后进行汇报展示。经过这些写前活动，学生集思广益，思路拓宽，也积累了丰富的素材，此时开始动笔写作初稿，基本可以做到言之有物。

此外，我认为写后的反馈也是锻炼学生思维能力的好契机。组织学生对文章的内容进行小组互评，既可以帮助写作者判断自己写作中的优点和缺点，借助同学的评价发现习作中的问题，也可以帮助读者（同伴）提高评价能力，进而更准确地审视自己的文章。

在同伴反馈前，为了帮助学生抓住评论要点，我进行了一些干预，最常用的手段有两个：

一是预评，即我带领学生共同评价两三篇文章，对比普通习作和优秀习作，向学生示范评价焦点和方法；

二是采用"提问式支架"，我希望学生评价什么，就针对什么进行提问，将学生的注意力引到典型问题上来。例如，我希望学生在写作中做到观点明确，在互评环节，我会提问"What is the stance of the author?"；我希望学生除了观点明确，还能做到论证有力、有理有据，我会提问"To prove him right, what evidence was given? Is it persuasive?"；为了进一步激发学生的思考，我继续追问"Do you know any other evidence that proves him / her right (or wrong)?"。

教师指引后，展开小组互评（三四人共同评价三四篇文章），在小组内部评选一篇优秀习作，并对其他习作的内容提出建设性意见。优秀习作及其亮点以口头形式由小组代表当堂展示，其他习作建设性意见以书面形式直接批注在作文上。

结合教师引导和同伴评价反馈，学生重新审视自己的习作，并进行修改和完善。除了明显的语言错误，学生的修改主要在文章的观点和结构组织上，使主题突出、内容充实、思路清晰、论证有力。为了鼓励学生对习作进行认真修改，我只记录学生终稿成绩，并对优秀习作和改进明显的习作在班级邮箱里进行展示。

要帮助学生用语言表达思想、写出言之有物的文章，除了帮助学生在写作中体验构思、成文、修改的过程外，还需要在日常的教学中注重对学生思辨能力的培养。因此，在第三学期的精读课上，我适量减少对语言的讲解和操练，对课文的构思谋篇、论证方法的宏观把握和批判性评价相对增加，引导学生在欣赏精彩语言、积累语言材料的同时，引导学生对文章进行批判性阅读。因为教材中精读文章多为节选，结构上时时会有"头重脚轻"等问题；另外，有些材料写作年代比较久远，在内容上略显陈旧（例如十年前非常时髦的 smart cars 在当下已是司空见惯了）。这些"不完美"反而为锻炼学生的批判性阅读能力提供了很好的机会。利用这些"不完美"，我引导学生评价文章的组织结构，探讨如何更好地开篇、结尾，以及如何更充分地论证作者的观点，甚至寻找课文中的逻辑"瑕疵"，或者结合当下的实情对文章进行"改造"等。这些练习开阔了学生的视野，让学生敢于、乐于挑战课文"权威"。

4.3.5.3 第三阶段效果的反思

在这一阶段，我利用"过程写作法"，引导学生通过写前准备、构思成文、同伴互评、修改润色等过程，将写作还原为表达意义的交流活动，改变学生为完成任务而"假写作"的惯用思维，提升学生的写作交流意识，通过评价、反思等活动，在提升学生写作质量的同时，锻炼其思辨能力。与此同时，在精读教学中，我带领学生对课文的立意、构思和结构进行批判性阅读，以鼓励学生挑战权威、积极思考。

这一阶段的干预后，我发现学生的"思维匣子"似乎被打开了，写作的视野明显开阔。例如在《阿甘正传》的观后感中，有学生选取家庭教育主题，以"Family Love: A Cradle for Your Success"为题，将影片中阿甘和其女友珍妮的家庭教育背景进行对比分析，探讨阿甘成功和珍妮远游堕落背后的原因；有的则以"Perseverance Leads to Success"为题探讨恒心与成功的关系；还有的以影片中的越战为线索，探讨美国历史上的海外战争。这些习作立意新颖、见解独到，让我读得津津有味，批改学生的作文不再是一件苦差。

同时，我也发现学生的评价能力明显增强，对课文"找茬"越来越多，课堂讨论时会对文本的论点和论证逻辑提出质疑，如认为"这个地方如果再添加一个例证，会更有说服力"。在对同学的作文进行评价时，也往往能一语中的，给出非常中肯的修改建议。

因为这一阶段写作任务的形式更多样化，学生在写作中的自由发挥更多。如针对"留学热"，我在写前准备时，要求学生课下读一篇相关报刊文章，然后通过访谈收集同学意见，对这一热点问题发表评论。让我惊喜的是，有学生居然做出了一篇相当漂亮的"研究报告"，有理有据，已有研究论文的雏形。

4.3.6 反思与简评

这次写作行动研究是我教学以来进行的时间最长的研究，我从培养学生的写作兴趣入手，采用"以读促写"帮助学生提升语言质量，又逐渐过渡到对学生思维能力的培养，最终达到了比较满意的效果。

其间，为了让学生看到自己的写作进步，我始终让学生在作文本上写作、修改，我也因此常常提着厚厚的一摞作文本，奔波在去学校和回家的路上。其间，我也常常为寻求解决办法而苦思冥想，也会为找一个能激发学生写作热情的作文选题而整日泡在图书馆的报刊阅览室，更不用说一次次耗时的作文评阅。我付出了很多，也收获了很多。我看到学生的写作词数在不断增多，从最初写一个小"豆腐块"到最后完成一个像模像样的"研究报告"，从最初勉强完成写作任务到后期自觉地练笔，从最初的言之无物到后期观点逐渐独到、论证逐渐有力。我也了解到，在第四学期的四级考试中，很多学生在没有参加考前突击培训的前提下，作文也拿到了高分。

除了看到学生的进步，我也在这个过程中成长。最明显的成长是我不再抱怨，面对教学中的困境，我会像对待学生的写作"惰性"和言之无物的作文那样，寻找问题的根源，反思自己的教学，寻求解决问题的方案。遭遇难题时，我学习查阅文献，向同事讨教，努力改进自己的教学。为了鼓励学生乐于写作、积极思考，我开始注意学生的心理，关注教学中的情感因素，也因此和学生的关系更紧密，班级气氛更融洽。因为这一次的行动研究，我对教学研究的兴趣被点燃，先后完成了两篇与之相关的研究论文。也因为这一次的行动研究，我有了继续学习的打算，也因此走上了教育与教学研究之路。

4.4 小结

我们在前面的章节中学习了行动研究的本质特征、外在特征、基本内涵和定义，回顾了我国高校英语教学行动研究文献，详细学习了行动研究的具体操作方法，包括问题聚焦、方案设计、研究实施、效果评估与反思、总结与提升五个主要阶段，并通过叙事案例初步接触了行动研究实例。在此基础上，本章向大家展示三位一线高校英语教师所做的行动研究真实案例，分别聚焦于大学英语视听说课程、英语口语表达能力和英语写作水平三个方面的问题。

第一个研究是基于大学英语视听说课程的行动研究，主要包括研究背景介绍、发现和确定教学问题、三轮行动研究的开展、研究者反思和简评几个部分。研究者回顾以往教学中的主要问题，聚焦于视听说课堂学时少、课堂效率低、课下无保障的具体问题，并通过问卷调查和访谈的方式确认学生语音语调不准、口语交流层次浅、准确性和互动性不足等问题，以产出导向法作为理论指导设计行动干预方案。研究历时三个学期，研究者对三轮行动研究进行了详细的过程描述，包括行动设计与实施、观察与发现、反思与调整等内容，从教学内容、方法和评估三方面依次提高了学生口语发言积极性，改善了学生的语音语调、提升了学生的语义判断力和口语应用熟练度。但也发现存在真实语境难以模拟、语用能力短时间难见效、个性化方案难设计、大班口语教学难等问题。研究者整体反思和简评主要回顾该教师参与教师学习共同体的成长，教学中教师和学生角色的转变、师生关系的变化，并汇报了自己对行动干预优缺点的新认识。

这篇报告内容丰富，全面汇报了研究者初次学习行动研究并付诸实施的详细过程，对于行动研究理念和方法、与研究问题相关的理论和文献的学习，以及对整体行动研究的思考。该研究历时长，轮数多，研究设计涉及语音、语义、语用三个层次，难度较大。研究报告语言平实，结构规范，但各部分的叙述可做得详略更为得当些。

第二个研究是提高学生口语表达能力的行动研究。研究者介绍了教师教学经历、学生学情、口语教学政策要求和课堂学习困难等背景信息，以及教师对行动研究模式的认识。研究者通过观察上课情况发现学生口语表达困难，并总结为学生缺乏英语表达兴趣、缺乏相关词汇句型储备和练习等问题。在反思问题、文献阅读和分析的基础上，研究者设计并实施了两轮行动研究方案。第一轮采用学生感兴趣的日常话题提高学生学习积极性，并及时提供相应词汇、句型，帮助学生丰富表达，提供具体练习内容，督促课下练习。第一轮方案实施卓有成效，但教师发现了新问题，即学生对社会性、学术性话题不熟悉，无法讨论，内容缺乏逻辑。教师再次学习文献，设计并实施了第二轮行动方案，即讨论学生熟悉的社会性、学术性话题，着重提升学生逻辑思维能力。第二轮行动也初见成效，但教师依旧展望新学期的行动主题，即培养学生辩证思维和创新思维能力；反思与简评回顾研究的阶段，指出行动方案的效果以及教师自身在教学能力、组织管理能力上的提升。

这篇研究报告设计合理、思路清晰，问题确认的过程有理论支撑，且能将理论贯穿整个研究，论证合理，学生语料及研究数据收集翔实，写作语言规范简练。

第三个研究是提高非英语专业大学生英语写作水平的三轮行动研究。研究者以大学英语四级阅卷的经历引出对大学英语写作教学问题的反思，确认三大问题，即回避写作、产出机会少、写作内容缺乏广度和深度。在访谈调查和文献研究后，研究者依次分析三个问题产生的原因，并有针对性地制定了第一轮行动计划。方案的实施是该教师记录最为详细的部分，包括导读课的理论输入、两次话题选择的原因及内容、提供的阅读材料、布置任务的顺序、作文的反馈方式、学生作文的进步等。效果与反思部分概括第一轮行动的成果，也指出学生写作中的语言准确性和丰富性问题，为第二轮行动做铺垫。在第二轮行动中，研究者借助二语习得理论的指导制定以读促写、以写促读的行动计划，实施阶段主要汇报写前阅读语料的途径、教师对学生阅读的宏观结构和语言欣赏方面的指导、写作任务的布置、语料收集对比、针对性练习和专题讲义的设计等。虽然本轮效果明显，学生写作质量、评价能力均有所提高，但该教师仍能发现新问题，即学生写作思想性和积极思考不足。于是，研究者开展第三轮行动研究，通过"过程写作法"提升学生的写作交际有效性。报告详细汇报了教师在写前准备、完成初稿、师生合作反馈和修改润色等方面的做法，以及由此产生的学生写作视野更开阔、评价能力进一步增强的效果。最后，研究者总结了整个过程的艰辛、学生的进步和教师的专业成长及收获。

这篇报告语言生动、描述详细、方案设计及写作思路逻辑清晰缜密，研究者的文献分析能力和研究意识较强，理论与实践联系紧密、契合度高，观察细致，数据收集意识强，文字表述准确鲜活。

第五章　行动研究报告写作

本章介绍行动研究报告的写作。行动研究报告和行动研究论文本质是一样的，均包括引言、文献综述、研究方法、各轮行动与结果分析、讨论、结语等部分。本章以一篇行动研究报告为例，[1] 分部分介绍行动研究报告或论文写作的思路与方法。

5.1 写作目的与基本结构

提到写作，可能很多教师会感到很怵头。但实际上写作并不是那么复杂的一件工作。在这一节里，我们首先要明确写作的目的。我们写作的目的，尤其是论文写作的目的，根本上是要说服别人相信我们的观点。所以，我们在撰写行动研究报告或行动研究论文时，首先需要说服自己——我们要报告的解决方案或者教学经验，是不是真的有价值？或者说，是否真的能够解决教学中的实际问题？这个问题对后续的写作全过程都是至关重要的。当我们经历了扎实的行动研究过程，归纳、总结出一些我们自认为有价值的经验时，我们才会相信所报告的内容会对其他人具有价值。而对于这一点，写作者通常考虑得并不是特别充分，因而也就影响了后续写作的过程和最终的成果。因此，本章在呈现写作的技术性问题之前，希望读者能对研究价值本身的问题有一个更加显性的认知和更为明确的理解。既然我们要使别人相信我们所做的工作是有价值的，那么我们所撰写的行动研究报告或行动研究论文的各个部分，都应当是为了最

---

[1] 徐浩，2015，英语专业议论文写作教学中三类范例使用的行动研究，《山东外语教学》(5)，57-62。该文报告了一项写作教学中本族语者范例、学生范例和教师范例使用的行动研究。这项持续三轮的行动研究旨在改善英语专业学生议论文写作中文章结构、语篇连贯、词汇使用、思维逻辑等方面存在的问题。在行动过程中，教师尝试使用了上述三类范例的一种或多种，最终发现：本族语者范例更能为学生提供地道的语言素材；学生范例由于语言难度较低，因此更能促进学生对文章结构的学习；而教师范例则在向学生呈现写作过程、展示写作技巧方面具有更明显的作用。

终的目的服务的，即说服别人相信我们的观点。这样的目的常常会决定我们最终在整个的研究报告或论文中所表现出来的论述姿态。

既然是要说服别人，那么我们就需要从读者的角度来设想：读者阅读了我们的行动研究报告或研究论文之后会呈现出一种什么样的心理状态？对作者来说，读者所达成的最理想的状态，应当是对作者所提出的问题及其解决方案深信不疑。那么，如何使读者深信不疑呢？我们不妨换位思考。如果要我们对一件事情深信不疑，需要具备什么样的条件？或者说，什么样的因素会促使我们对某一件事情深信不疑？最重要的应当是两个方面。如果我们读到的素材是真实可信的，也就是说如果我们看到的资料或记载，以及相应的各种各样的情况是真实可信的，同时我们看到作者的论证也是有理有据的，即真实可信和有理有据这两个条件同时满足的时候，那么我们就会对某一件事情深信不疑。因此，在从事行动研究报告写作的过程中，我们同样也要重点关注这两个方面，即素材要真实可信，论证要有理有据。

而行动研究报告的基本结构恰恰也是为了让我们更好地展示我们的真实素材和有力论证。行动研究报告的基本结构，大致包括六个部分，即引言、文献综述、研究方法、各轮行动与结果分析、讨论、结语。

5.2 引言与文献综述

第一部分是引言。在引言中我们需要首先提出我们要解决的问题。在提出问题的过程中我们需要特别注意如何引发读者的共鸣，让读者觉得这个问题在他的教学中可能也是一个重点或难点，这样他才可能更有兴趣继续阅读报告，以了解我们是如何在行动研究的过程中解决具体的问题的。因此，问题的提出一方面是要选择一个更有典型性的角度，或者一个更具典型特征的场景来展示它，使得大家能够看到在自己的教学中也存在同样的困惑，或者说也能在这个问题情境中找到自己困惑或受到挑战的影子。另外，问题的提出也需要开展相应的论证，来阐释这个问题为什么重要，或者说为什么这是一个很关键的问题。如果问题的提出只囿于问题本身的呈现，而没有去论述这个问题为何重要，那么读者读报告的时候，可能会认为虽然这是一个问题，但是这个问题或许也可以置之不理，不予解决，因为它并不重要。因此，问题的提出要包括两个方面：一是引起读者的共鸣，二是让读者更好地意识到这个问题的重要性。

提出问题之后，我们就要对解决问题的思路进行阐述。行动研究最终是为了解决问题，而解决问题的关键是解决问题的思路。所以我们需要在引言部分清楚地讲明，我们需要采用哪些方法，或者经由哪些步骤来解决所关注的特定问题。但我们不能只讲解决问题需要通过哪些步骤。介绍步骤只是一种说明文的写法，即我们对研究思路和步骤或所采用的基本研究方法进行描述。但是论文的核心要素是论证，即在描述研究过程及研究内容本身的同时，还要论证为何采用这样的思路或方法才是有效的。因此，在引言中我们也需要简要地对论文的思路展开一定的论证。

综上所述，引言部分的写作至少应当包括问题的提出、问题解决思路的介绍，以及对思路合理性、有效性和可行性的简要论证。从读者的角度来看，读到这样的引言，他/她会获得一种阅读体验：目前正在研究的这个问题很重要，而且作者提出了一个比较有理据的解决方案；那么他/她会非常希望继续阅读，以了解在后续的研究过程中问题究竟是怎样解决的，结果又是什么样的。总之，引言的写作非常重要，因为它关系到读者会不会进一步阅读文章的其他部分。因此，引言的写作目的更像是用于劝说读者继续读下去。

第二部分是文献综述。在行动研究的论文写作中，文献综述部分往往无须写得过于详细，因为这部分重在呈现教学中的问题以及问题解决的过程，同时它也包括在解决的过程中所形成的经验和对教学规律的一些有价值的认识。因此，撰写文献综述部分，我们可以侧重于铺垫一些重要的概念。这些概念会在后续的研究中以及文末的讨论部分被提及、使用或讨论。换言之，研究和文稿中涉及的一些重要概念是需要在文献综述中做出必要的解释、说明或论证的。除此以外，文献综述部分还可以进一步对解决问题的思路展开更深入的论证或论述。在引言中，如果我们对解决问题的思路进行过比较简要的论证，那么在文献综述部分，我们可以借助已有理论和研究对这一思路进行更加充分的论述。

案例解析：引言

《高等学校英语专业英语教学大纲》明确规定，英语专业学生在毕业时应当能够进行各种文体的写作（高等学校外语教学专业指导委员会英语组，

2000)。也就是说,学生需要扎实掌握记叙、描写、说明、议论等各类文体的写作方法。而在各类文体中,最难掌握的可能就是议论文了。从语言角度来看,汉英在议论文文体方面的差异较大(陈新,1999),加之学生在学习议论文写作前议论文阅读的经验偏少(高芳,2002),因此掌握其文体特征存在一定困难。另外,不少院校的英语专业将议论文写作教学安排在三年级写作课上,而此时学生语言能力发展中一个凸显的问题是语篇连贯(薛媛,2009),且词汇使用的丰富程度和精确度仍有待提高(Li & Lorenzo-Dus,2014;桂诗春,2013;王立非、张岩,2006,2007)。而这些问题对议论文写作的学习都具有很大影响。从思维角度来看,学生知识面普遍较窄(胡文仲,2014),且在语言产出中的逻辑问题突出(文秋芳,2007;文秋芳、刘润清,2006),这同样给议论文写作的教学增加了难度。

(要点说明:本段介绍问题背景,明确拟解决的问题,阐述解决问题过程中可能遇到的困难。)

针对上述问题,有人倡导在议论文写作教学中采用"读写结合、以读促写"的方法,首先让学生通过有针对性的阅读掌握议论文的文体特征和写作特点(包括语篇连贯、词汇使用、思维逻辑等各方面),然后再逐步过渡到写作实践(Kern & Schultz,2005;徐浩、高彩凤,2007)。而这种方法的关键环节之一就是写作范例的选择和使用,即如何挑选合适的范文,以及如何开展基于范文的阅读和学习活动(Macbeth,2010;Zhang,2013)。在现有文献中,研究者普遍认为写作教学中的范例使用对学习者写作能力的提升有较为明显的效果(Shi,2012;Zhang,2013)。首先,范例是写前的重要语言输入,对写作产出具有自然的影响,尤其是在写作结构和核心语言方面(Plakans & Gebril,2013;Weigle & Parker,2012)。其次,范例中的语篇结构(包括宏观和微观两个层面)对学习者之后写作过程中的思维模式也具有显著的影响(Beers et al.,2009)。因此,进一步在实际教学中探讨范例使用,对学生写作能力提高的实际效用具有一定的意义。

(要点说明:本段对问题的解决思路进行论证。)

本文报告笔者开展的一项通过不同类型范例的使用来促进议论文写作教学的行动研究。这项行动研究共包括三轮,分别使用了本族语者范例、学生范例、教师范例中的一种或多种，来不断改善学生在文体、语篇连贯、词汇、思维等方面存在的问题，最终提高教学效率。本文首先概述问题的发现和界定，之后分别介绍每一轮所采用的行动方案、研究方法、行动效果评估和教师反思。

问题的提出

笔者任教的学校为一所省属重点师范院校。英语专业开设四个学期的写作课，安排在二、三年级。二年级写作课的教学重点是说明文和应用文；三年级为议论文、书评和小型学术论文，其中议论文单元持续10周（共20课时）。笔者在第一轮行动研究前没有教授过三年级写作课，因此开课前对所教学生二年级写作课期末考试的试卷进行了分析，并访谈了两位一直教授三年级写作课的教师。

笔者首先浏览学生的期末试卷，形成整体印象，然后参考英语专业八级考试写作部分的评分标准，对试卷进行分项评分（包括内容、词汇、语法、语篇四项，每项10分）。对分数进行统计后发现，学生在词汇（6.24；平均分，下同）和语篇（5.62）两项上的得分远低于内容（8.43）和语法（8.14）。这或许说明，学生在词汇（尤其是丰富度和精确度）和语篇（尤其是连贯问题）方面更为薄弱。在对三年级写作教师的访谈中，笔者还了解到，学生在议论文写作学习中面临的另一个挑战就是思维问题，集中表现为逻辑不严谨。

（要点说明：本节详述在界定问题的过程中所开展的研究。）

因此笔者将第一轮行动研究要达成的目标界定为提高学生写作中的语篇连贯、词汇使用和思维逻辑，解决方法为通过本族语者范例（即本族语者作家的范文）的使用来开展"读写结合、以读促写"的教学。需要特别说明的是，在第一轮行动研究开展前，笔者尚未意识到引言中所提到的文体特征问题。这一问题将在第二、三轮的行动研究中涉及。

5.3 研究方法

文献综述之后通常是研究方法部分。研究方法的撰写通常有两种方法：一种如上一章所呈现的三项行动研究案例那样，将方法的设计与实施融入不同轮次的行动中进行描述；另一种则在详述不同轮次的行动前将之作为独立的一个小节集中交代。第二种方法比较适合不同轮次的行动研究所采用的研究方法基本一致的情形，即统一做一个一次性的交代即可。

这样，在撰写报告时，研究方法部分至少要包括如下几个方面的内容。第一部分是整体设计。整体设计的部分需要向读者概览式地、清晰地呈现整个行动研究是如何进行的，例如数据采集和数据分析如何开展，具体包括哪些定量的或/和质性的研究方法。这些情况需要进行一次简明的概述。

研究方法的第二部分是介绍研究对象。我们做行动研究通常可能会遇到两种不同的情形：一种是我们针对同一个教学群体（如同一个教学班）开展多轮的行动研究；另一种是我们在不同的轮次或循环中针对不同的教学对象，比如我们今年教大一的一个班，明年还是教大一学生，但是今年教的班级已经升入大二了，所以明年我们再做第二轮的行动研究的时候，实际上我们的教学对象已经发生变化，但是今年的教学对象和明年的教学对象的一些基本特征实际上是没有太大变化的。因此，针对这两种不同的情形，我们需要在研究对象部分做不同的介绍。如果是针对同一批研究对象开展不同轮次的行动研究，那么我们就像一般的学术研究一样，对研究对象的基本情况做介绍即可；但如果我们不同的轮次针对的是不同的教学对象，那么我们首先需要清楚地介绍不同批次的研究对象具有什么样的共同特征，然后再对不同批次具有哪些个性特征做出比较清晰的简要介绍——这样读者才能了解我们的研究对象的总体状况，到了不同的轮次，如不同的学期或学年，涉及了不同的研究对象，他们各自又具有哪些可能会对研究结果产生影响的个性特征。

研究方法的第三部分通常是介绍所使用的研究工具。一般来说，研究工具指的就是数据收集的工具，但行动研究中的工具也可以包括在教与学的过程中所使用的工具。例如，我们帮助学生解决学习中的某些特定问题时，可能会使用某些特定的工具来辅助学生的学习，那么这样的学习辅助工具也属于研究工具的范畴。因此，在研究工具部分，我们需要对数据收集工具和教学工具都做出详细的介绍。

介绍研究工具之后，需要对研究方法的具体操作过程或研究设计的实施程序做出清晰的说明。由于各轮次的程序可能不同，所以在研究方法部分只需要对程序的大致脉络或基本结构做出解释和说明。各轮次不同的实施方法或步骤，则在后续小节中相应的部分再做出详细描述。例如，如果我们在各轮次都做了访谈,那么我们就需要在研究方法部分做出一个概括性的说明——尤其需要说明各轮次在使用访谈方法的时候,是否存在共性,如访谈是在课前做的,还是在课后做的。如果各轮次的做法不同,那么就无须在本小节做出说明。例如,在不同的轮次中,访谈的具体目的很可能都不同,那么它们分别是什么?不同轮次的访谈又是怎么展开的?这些信息便无须在本节中进行说明。

研究方法最后一个部分的具体内容是数据分析。数据分析和研究程序很相像,即要对不同轮次在开展数据分析时候的共性做法做一个基本的介绍,但无须对各轮次开展数据分析时所采用的不同策略或方法进行详细说明。

案例解析:研究方法

为记录教学过程和学生的学习情况,笔者根据教学设计和实施的具体情况,在三轮行动研究中先后收集了如下数据:课堂录音、课上阅读测验成绩、学生所有三个轮次的写作稿的文本(包括笔者的批改)、笔者面批时学生对写作过程的描述,以及议论文教学单元结束后对部分学生进行的访谈。

(要点说明:本段介绍所有轮次都会用到的研究方法。)

另外,需要特别说明的是,本研究如果采用实验研究的范式,那么最理想的状态应为同时在三个平行班(且他们在语言水平和写作能力上无显著差异)开展三类不同的教学。但本研究是一项行动研究,即通过"发现问题—提出方案—采取行动—评估效果—重新界定/发现问题—调整方案/提出新方案"的循环来探索教学改进。因此,研究的意义更多体现在记录、揭示教学改进的思路、过程及发展规律(Burns, 2011),而非重点关注教学处理与学习效果之间的因果关系。

(要点说明:本研究时间跨度为三年,涉及三个不同的学生群体,因此需要进行特别说明。)

5.4 各轮行动与结果分析

对于各轮的具体教学过程及研究过程,我们就需要按照轮次来进行逐一介绍。这便是研究报告写作的第四个主要部分，即各轮行动与结果分析。一个比较典型的行动研究报告，通常会在第三部分整体介绍研究方法，再在第四部分更加具体、翔实地针对各轮行动的细节进行阐述，即对不同阶段的教学过程和研究过程进行介绍和分析。

在各轮行动与结果分析部分，我们需要对每一轮的目标、主要做法、基本过程、数据收集与分析都做出比较详细的文字阐述，并以一个小结对各个轮次进行收尾。介绍每个轮次的行动，首先应明确目标。在每个不同的阶段或每个不同的行动研究的轮次中，我们要解决的问题是不同的，所以各轮次的具体目标需要展开做出说明，且需要针对目标的设定展开必要的论证，然后再介绍主要的做法和基本过程。因篇幅有限，研究报告不宜写得过长，所以我们无须把所有的具体做法都罗列出来。我们最需要展示的做法和教学的过程，应与需要解决的问题或本轮次中我们所锚定的具体目标密切相关。其中最相关的当属教学干预的过程，这是需要做出详细介绍的。由于各轮次教学过程大多会有不同，同时各轮次的数据收集与分析也会有所差异，因此报告中应当突出各轮次是如何在研究方法设计的总体指导下，根据轮次各自的过程和特点，开展了不同的教学和研究。最后在每个轮次的介绍之后需要有一个小结，再次明确聚焦本轮次希望解决的问题是否得到了解决，以及该轮目标的达成情况或问题解决的情况，并且对后续轮次所要开展的进一步工作做出展望。如果在本轮次中产生了新的问题，那么我们还要基于此提出新的问题，以便在下一个轮次中进一步解决它。可见，行动研究的研究报告篇幅占比最大的部分，就应当是各轮行动和结果分析的部分了。一般来说，这个部分相对于全文所占比重居于40%—60%之间。

案例解析：第一轮行动及效果评估

行动方案设计与实施

第一轮行动方案设计如下。笔者首先精选六个本族语者范例（400—600词不等），用于议论文教学单元的第1—6周，即每周一个范例。课前要求学生提前阅读，课上先进行五分钟的阅读小测验（主要考查学生对范文大意和重要细节的理解）。然后师生共同讨论、分析范文，其中第一二周的重点是范文的思想和逻辑，第三四周为词汇使用，第五六周为语篇连贯。第七至十周为写作环节，学生撰写第一稿、第二稿和第三稿，笔者对所有三个轮次的写作稿进行反馈（包括面批）。

行动实施在时间安排上与行动设计完全一致。但由于本族语者范例语言难度较大，因此笔者不得不在课堂上花费大量时间首先帮助学生扫清语言障碍，导致留给讨论、分析的时间非常有限。

（要点说明：本小节对教学方案进行了简介，尤其着重针对要解决的问题阐述了教学干预的方式和特点。）

效果评估

通过对上述数据进行分析，笔者发现，虽然使用了读写结合的方法，但学生在阅读环节和写作环节均感到困难重重。首先，本族语者范例的语言较难，不容易读懂（佐证之一就是六次阅读测验成绩的总平均分不到 6 分，即不到及格分），更谈不上充分、高效地讨论和分析范文中的语篇连贯、词汇使用和思维逻辑。其次，在写作环节，学生反映读过的范文"模仿不了""可远观而不可模仿焉"（学生访谈转写）。另外，笔者还发现，不少学生撰写议论文时仍套用说明文的结构，即文体意识没有得到显著提高。总之，第一轮行动研究拟解决的语篇连贯、词汇使用和思维逻辑等问题尚未得到有效改善，同时还凸显出文章结构方面的问题。

（要点说明：本段对问题解决的情况进行梳理、归纳。）

教师反思

针对上述问题，笔者进行了反思。首先，本族语者范例在语言上难度较大，因此给学生带来了阅读理解方面的障碍，即阅读环节就产生问题，导致"以读促写"无法实现。其次，六周之内笔者使用了六个本族语者范例，阅读量偏大，学生没有足够的时间来吸收其中的语言和其他内容。再次，阅读环节和写作环节截然分开，导致读、写脱节，人为拉长了输入和输出的距离，违背了"读写结合"的基本原则。最后，议论文和说明文在文章结构方面的差异本应作为教学重点来对待，但笔者对此估计不足。

（要点说明：本段对经验、教训进行反思。）

第二轮行动及效果评估

行动方案设计与实施

第二轮行动研究要达成的目标是提高学生议论文写作中的文体意识（尤其是对文章结构的把握）、语篇连贯、词汇使用和思维逻辑。鉴于第一轮行动研究中本族语者范例的使用效果不佳，本轮行动研究拟通过学生范例（即学生的优秀范文，包括教材中提供的和本校往届学生完成的）的使用来实现"读写结合、以读促写"。使用学生范例可以降低语言难度，进而减轻阅读理解方面的障碍。同时，本轮行动研究尤其注重将阅读环节和写作环节更好地结合起来。另外需要说明的是，第二轮的学生为第一轮学生的下一级。

本轮行动研究共使用六个学生范例，且阅读环节和写作环节交替或平行进行。具体来说，第一二周为阅读环节，即在课上阅读、分析学生范例一和范例二，分别聚焦范文的思维逻辑和文章结构；第三四周为写作环节，学生完成写作提纲和第一稿；第五至八周为读写环节，即课上阅读、分析学生范例三至六（其中范例三和四聚焦词汇使用，范例五和六聚焦语篇连贯），课下修改第一稿（修改重点与范例分析的重点一致），完成第二稿；第九、十周为写作环节，学生进一步修改第二稿，完成第三稿。笔者在第三至十周对学生各个写作阶段的作文进行反馈（包括面批）。表 5.1 为第二轮行动方案简况。

表 5.1 第二轮行动方案设计

周	读		写
	聚焦	任务	
1	思维	学生范例一	
2	结构	学生范例二	
3			提纲
4			第一稿
5	词汇	学生范例三	第二稿（修改词汇问题）
6		学生范例四	
7	连贯	学生范例五	第二稿（修改连贯问题）
8		学生范例六	
9			第三稿
10			

本轮行动实施与行动设计完全一致。

（要点说明：由于第二轮的教学方案有了调整和细化，因此通过表格呈现具体教学安排。）

效果评估

通过对上述数据进行分析，笔者发现，第一轮行动研究中学生阅读本族语者范例时遇到的语言障碍在本轮中得到了明显的缓解，这可以通过课堂录音中学生的发言、讨论情况得到印证。但学生在访谈中普遍反映，虽然阅读范例的难度降低了，但写作环节的困难依然存在。一方面，在初次阅读学生范例时，学生感觉有所收获，尤其是前两周聚焦思维逻辑和文章结构时；但当学习重点转为词汇使用和语篇连贯时，学生范例就显得"问题多、优点少"（学生访谈转写）了，甚至感觉"没什么可学的"（学生访谈转写）。另一方面，学生还认为能读懂不等于会下笔，有学生在笔者面批时表示"看得挺明白，但拿起笔来还是不知道怎么写，不知道从哪儿入手"。从学生写作文本（即前后完成的三个轮次的写作稿）的情况来看，除文章结构方面较第一轮行动研究有较大改善外，语篇连贯、词汇使用和思维逻辑等方面并未体现出明显进步。因此，虽然第一轮行动研究中存在的本族语者范例语言难度过大的问题在本轮中得到改善，学生议论文写作在文章结构方面有明显提高，但其他各方面均未实现预定目标。

教师反思

针对上述问题，笔者进行了反思。第一轮行动研究中本族语者范例语言较难，因而第二轮中使用了语言难度较低的学生范例，但学习效果仍不理想。同时，学生反馈的写作中"不知道从哪儿入手"的问题，即阅读环节并未有效促进写作环节，使笔者开始思考问题的关键或许并非写作范例的语言难度，而是范例的使用仅停留在文本分析层面，而没有扩展到写作过程层面，即缺乏对学生写作过程的指导（Lannon，2011；高彩凤等，2008）。也就是说，学生写作中的困难不仅在于文章结构、语篇连贯、词汇使用、思维逻辑等文本问题，更大的困难或许在于如何下笔写出好文章的过程问题。

（要点说明：研究者对希望解决的问题有了更深入的认识。）

第三轮行动及效果评估

行动方案设计与实施

基于上述两轮行动研究的发现和反思，第三轮行动研究要达成的目标同第二轮相同，仍是提高学生议论文写作中的文体意识（尤其是对文章结构的把握）、语篇连贯、词汇使用和思维逻辑。但第三轮不仅综合使用了学生范例（聚焦思维逻辑和文章结构）和本族语者范例（聚焦语篇连贯和词汇使用），还同时使用了教师范例（即教师完成的范文），且教师范例的使用重在呈现写作过程中可能遇到的问题及其解决方案。具体来说，由于教师范例出自任课教师之手，教师对其写作过程的方方面面均能获得直接的、一手的感知和经验，因此非常容易在系统整理后在课上与学生分享，供学生参考。因此，在第三轮行动研究中，教师范例主要使用于学生修改第一稿的过程中，以向学生提供更鲜活的示范和更直观的指导。另外需要说明的是，第三轮的学生为第二轮学生的下一级。

第三轮行动研究的整体设计框架与第二轮相同，阅读环节和写作环节交替或平行进行，但先后使用了两个学生范例、两个本族语者范例和两个教师范例。具体来说，第一二周为阅读环节，即在课上阅读、分析学生范例一和二，分别聚焦范文的思维逻辑和文章结构。第三四周为写作环节，学生完成写作提纲和第一稿。第五至八周为读写环节，学生修改第一稿完成第二稿。其中第五六周聚焦词汇使用，第七八周聚焦语篇连贯。具体来说，第五周课上笔者首先呈现教师范例，即笔者是如何修改自己第一稿的词汇使用的，且着重展示、讲解修改过程的细节和修改的具体方法，之后第六周课上再阅读、分析一个本族语者范例的词汇使用，以帮助学生获得更多语言素材。第七八周的安排与第五六周完全相同，只是修改的重点为语篇连贯。最后，第九和十周为写作环节，学生进一步修改第二稿，完成第三稿。笔者在第三至十周对学生各个写作阶段的作文进行反馈（包括面批）。表 5.2 为第三轮行动方案简况。

表 5.2 第三轮行动方案设计

周	读		写
	聚焦	任务	
1	思维	学生范例一	
2	结构	学生范例二	

（待续）

（续表）

周	读		写
	聚焦	任务	
3			提纲
4			第一稿
5	词汇	教师范例	第二稿（修改词汇问题）
6		本族语者范例一	
7	连贯	教师范例	第二稿（修改连贯问题）
8		本族语者范例二	
9			第三稿
10			

本轮行动实施与行动设计完全一致。

（要点说明：教学方案进一步调整，用表格呈现有助于读者将其与第二轮的方案进行对比。）

效果评估

首先，学生积极评价综合运用学生范例、教师范例和本族语者范例的教学效果，认为"从易到难，容易接受"（学生访谈转写）。学生在笔者面批时还表示，教师范例有助于他们更好地理解修改过程和具体的操作步骤，因而对作文修改有"实质性的帮助"。从学生写作文本的情况来看，在第二轮行动研究中获得的文章结构方面的进步得到继续保持，同时语篇连贯、词汇使用和思维逻辑等方面均体现出不同程度的进步，其中以词汇使用方面的进步最为明显（不少学生直接模仿了本族语者范例和教师范例中使用的相关词汇）。因此，本轮的预定目标基本实现。

教师反思

纵观三轮的行动研究，笔者发现，不同类型范例的作用不同：本族语者范例更能为学生提供地道的语言素材；学生范例更容易让学生读懂，因此更能促进学生对议论文文章结构的学习；而教师范例则在向学生呈现写作过程、展示写作技巧方面具有更大的优势。因此，不同类型的范例所适用的学习情境不同，能达成的教学目标也不同。另外，笔者也深刻地认识到，写作教学不仅需要帮助学生建构对好文章标准的认识，更重要的是通过各种教学方法（如范例使用)帮助学生掌握达成这些标准的方法和技巧,即应尤其注重写作过程的指导,而不仅仅是对范例文本进行分析。

(要点说明:研究者的认识得到进一步深化。)

5.5 讨论与结语

在对各轮行动和结果分析做出阐述之后,我们需要撰写讨论部分。在讨论部分我们需要基于各轮所采用的方法(包括教学方法和研究方法)以及所获得的教学成果及研究上的新认识,做一个整体性的归纳和总结,最终回应引言中所提出的需要解决的教学问题,并检视或自我反思之前所提出的待解决问题的思路是否最终被验证为有效或部分有效。如果解决问题的思路需要进行完善和调整,那么在讨论部分也需要基于各轮行动及结果分析,来进一步说明原因。换言之,总结经验和教训是讨论部分最主要的内容。

最后是结语。结语要对从引言到讨论的所有部分做一个概述,并且提出对后续研究的一些建议。大多数行动研究都存在后续进一步改进的可能,即后续还可以继续开展研究并深化我们对相关问题的认识。因此,结语部分也要提出对后续研究的建议或者启发。

案例解析:结语

本文报告了一项写作教学中本族语者范例、学生范例和教师范例使用的行动研究。这项持续三轮的行动研究旨在改善英语专业学生议论文写作中文章结构、语篇连贯、词汇使用、思维逻辑等方面存在的问题。在行动过程中,教师尝试使用了上述三类范例的一种或多种,最终发现:本族语者范例更能为学生提供地道的语言素材;学生范例由于语言难度较低,因此更能促进学生对文章结构的学习;而教师范例则在向学生呈现写作过程、展示写作技巧方面具有更明显的作用。因此,建议写作教师综合运用三类范例,发挥各自优势,以实现最优的教学效果。

(要点说明:针对三轮所获得的全部经验进行总结。)

5.6 小结

本章主要介绍行动研究报告的写作思路与方法，包括写作目的与基本结构及行动研究报告的六个部分，并将一篇行动研究报告实例拆解，辅以各段要点说明，穿插其中进行示例。

行动研究报告的写作目的是要说服读者相信我们的解决方案能够真正解决教学中的实际问题，这就需要在报告中提供真实可信的素材，并进行有理有据的论证。行动研究报告的基本结构包括引言、文献综述、研究方法、各轮行动与结果分析、讨论、结语六个部分。

引言部分首先提出要解决的问题，我们需要通过典型视角或场景引起读者的共鸣，并展开合理论证，让读者意识到该问题的重要性；接着要对解决问题的思路进行阐述，并对思路的合理性、有效性和可行性进行简要论证。文献综述部分需要对文中涉及的重要概念做必要的解释和说明，或对解决问题的思路开展进一步深入论证。

研究方法的撰写可分为两种：每轮行动分别描述方法（适用于每轮方法不同的情况）和先描述方法再介绍各轮行动（适用于各轮使用方法相似的情况）。研究方法部分的主要内容包括：整体设计、研究对象、使用工具、操作过程或实施程序以及数据分析等五个方面的内容。其中，研究对象分为同一群体和多个群体两种情况，对后者的介绍须更为详细具体。使用的工具须介绍数据收集工具和教学工具两类情况。研究方法部分的操作程序只须介绍大致脉络或基本结构，详细情况分小节后续介绍。数据分析也只须介绍各轮次的共性做法。

各轮行动和结果分析是行动研究报告的第四部分，约占报告一半左右的篇幅。在该部分，研究者须详细描述各轮的具体教学过程和研究过程，包括每一轮的目标的展开说明及论证，各轮行动的主要做法和基本过程，数据收集和分析，小结部分明确本轮行动的问题解决情况及新问题产生情况。

讨论部分主要是总结经验和教训。研究者基于所采用的教学和研究方法、行动后获得教学成果和教师的新认识，明确整个行动研究思路的有效性及问题解决情况，反思需要完善的原因。结语部分概述前面五部分内容，并对后续研究提出建议。

参考文献

Altrichter, H., Posch, P., & Somekh, B. (1993). *Teachers Investigate Their Work. An Introduction to the Methods of Action Research*. London & New York: Routledge.

Beers, S. F., Quinlan, T., & Harbaugh, A. G. (2009). Adolescent students' reading during writing behaviors and relationships with text quality: An eyetracking study. *Reading and Writing, 7*, 743-775.

Brown, D. H. (2000). *Principles of Language Learning and Teaching*. New York: Pearson ESL Press.

Burns, A. (2011). *Doing Action Research in English Language Teaching: A Guide for Practitioners*. Beijing: Foreign Language Teaching and Research Press.

Elliott, J. (1991). *Action Research for Educational Change*. Milton Keynes & Philadelphia: Open University Press.

Kern, R., & Schultz, J. M. (2005). Beyond orality: Investigating literacy and the literary in second and foreign language instruction. *Modern Language Journal, 3*, 381-392.

Lannon, J. M. (2011). *The Writing Process*. Hong Kong: Longman.

Li, H., & Lorenzo-Dus. (2014). Investigating how vocabulary is assessed in a narrative task through raters' verbal protocols. *System, 5*, 1-13.

Macbeth, K. P. (2010). Deliberate false provisions: The use and usefulness of models in learning academic writing. *Journal of Second Language Writing, 1*, 33-48.

McKernan, J. (1987). Action research and curriculum development. *Peabody Journal of Education*, 64(2), 6-19.

McNiff, J., & Whitehead, J. (2011). *All You Need to Know About Action Research*. London, Thousand Oaks & New Delhi: Sage.

Mertler, C. A. (2009). *Action Research: Teachers as Researchers in the Classroom (2nd Edition)*. Thousand Oaks: Sage.

Plakans, L., & Gebril, A. (2013). Using multiple texts in an integrated writing assessment: Source text use as a predictor of score. *Journal of Second Language Writing, 3*, 217-230.

Reagan, T. G., Brubacher, J. W., & Case, C. W. (2000). *Becoming a Reflective Educator: How to Build a Culture of Inquiry in the Schools*. Newbury Park: Corwin Press.

Shi, L. (2012). Rewriting and paraphrasing source texts in second language writing.

Journal of Second Language Writing, 2, 134-148.

Schön, D. A. (1983). *The Reflective Practitioner: How Professionals Think in Action.* New York: Basic Books.

Stenhouse, L. (1975). *An Introduction to Curriculum Research and Development.* London: Heinemann.

Thornbury S. (2005). *How to Teach Speaking.* London: Pearson.

Vygotsky, L. S. (1978). *Mind in Society: The Development of Higher Psychological Process.* Cambridge: Harvard University Press.

Wallace, M. J. (2000). *Action Research for Language Teachers.* Cambridge: Cambridge University Press.

Weigle, S. C., & Parker, K. (2012). Source text borrowing in an integrated reading/writing assessment. *Journal of Second Language Writing, 2*, 118-133.

Zhang, C. (2013). Effect of instruction on ESL students' synthesis writing. *Journal of Second Language Writing, 1*, 51-67.

曹文，2012，《中国高等英语网络教育多模态学习系统设计的行动研究》。北京：外语教学与研究出版社。

曹晨，2008，英语配音在教学中的应用，《辽宁经济管理干部学院学报》（4）：136-137。

常小玲、李春梅（编），2015，《高校英语教师跨校互动发展团队的行动研究》。北京：外语教学与研究出版社。

常晓梅、赵玉珊，2012，提高学生跨文化意识的大学英语教学行动研究，《外语界》（2），27-34。

陈功、宫明玉，2022，多元反馈模式促进深度学习的行动研究，《外语教学》（3），60-66。

陈浩，2013，提高学习者口头报告参与度与参与质量的行动研究，《中国外语教育》（4），42-50。

陈水平，2013，项目翻译教学模式：意义、问题与对策——项目翻译教学的行动研究，《外语教学理论与实践》（3），82-87。

陈向明，1999，什么是"行动研究"，《教育研究与实验》（2），60-67。

陈向明，2008，从"范式"的视角看质的研究之定位，《教育研究》（5），30-35。

陈向明等，2021，跨界与融合：探索教师专业发展的多元途径——2021北京大学基础教育论坛"教师专业发展"分论坛2021年1月16日讲话，https://www.sohu.com/a/446675176_503501（2022年1月30日读取）。

陈新（编），1999，《英汉文体翻译教程》。北京：北京大学出版社。

程熙旭，2011，打破大学英语课堂中的沉默——提高课堂互动的行动研究，《中国外语教育》(1)，25-30。

程熙旭，2012，从理解性词汇到表达性词汇——提高大学生英语词汇运用能力的行动研究，《中国外语教育》(3)，21-26。

丁后银，2009，"问题为本的学习"与"行动研究"的整合，《外语与外语教学》(3)，40-44。

丁树亭，2013，基于项目的外贸英语教学行动研究，中国外语教育(3)，29-34。

范琳、张其云，2003，构建主义教学理论与英语教学改革的契合，《外语与外语教学》(4)，28-32。

方宇波、孙云，2011，《大学英语教师行动研究》。武汉：武汉大学出版社。

方子纯，2006，语篇宏观结构分析与听力教学——一次行动研究，《外语电化教学》(4)，52-57。

冯德正，2017，基于多元读写理论的课堂教学设计：以英语语言学课程为例，《中国外语》(3)，55-63。

傅荣，2010，试论"面向行动教学法"的理论基础及其对外语教学的影响，《中国外语教育》(3)，37-42。

甘正东，2000，反思性教学：外语教师自身发展的有效途径，《外语界》(4)，12-16。

高彩凤、徐浩、白瑞芳，2008，不同水平的中国英语专业学生写作过程的对比研究，《中国外语教育》(3)，48-56。

高等学校外语教学专业指导委员会英语组，2000，《高等学校英语专业英语教学大纲》。北京/上海：外语教学与研究出版社/上海外语教育出版社。

高芳，2002，文体意识与写作教学，《外语与外语教学》(5)，34-37。

高鹏、张学忠，2005，大学英语课堂中学习者学习自主性的培养——一份自主式课堂教学模式实验报告，《外语界》(1)，33-39。

桂诗春，2013，《多视角下的英语词汇教学》。上海：上海外语教育出版社。

郭尔平、顾超美、鲍静英，2002，"中外教师英语口语课堂教学合作"实践报告，《外语界》(3)，47-52。

郭晓英，2010，西部欠发达地区外语教师职业发展研究——以天水师范学院外语教师的行动研究为例，《兰州学刊》(S1)，135-137.

郭晓英、刘新文，2011，《西部欠发达地区外语教师职业发展研究》。北京：中国社会科学出版社。

胡文仲，2014，试论我国英语专业人才的培养：回顾与展望，《外语教学与研究》(1)，111-117。

黄芳，2013，大学生批判性思维能力培养方式实践探索。博士学位论文。上海：上海外国语大学。

黄金葵，2014，大学英语情景小品与戏剧项目教学模式改革行动研究，《中国外语教育》(1)，24-33。

黄景，1999，行动研究与在职外语教师，《外语教学》(3)，13-16。

凯米斯，S.，1994a，张先怡译，行动研究法（上），《教育科学研究》(4)，32-36。

凯米斯，S.，1994b，张先怡译，行动研究法（下），《教育科学研究》(5)，41-44。

孔繁霞，2013，《行动研究与教师专业发展——大学英语教师 ESP 方向》。南京：东南大学出版社。

李莉文，2011，英语写作中的读者意识与思辨能力培养——基于教学行动研究的探讨，《中国外语》(3)，66-73。

李小云、齐顾波、徐秀丽，2008，行动研究：一种新的研究范式？《中国农村观察》(1)，2-10。

李晓媛、俞理明，2007，国外行动研究趋势及其对中国外语教学研究的启示，《外语教学》(2)，48-52。

李新涛、韩少杰、罗双好，2015，行动研究视角下大学英语教学反思能力的职前培养研究，《中国外语》(5)，94-99。

李志雪，2015，外语教学行动研究在中国的发展：回顾与展望，《解放军外国语学院学报》(6)，78-84。

连建华、樊晓莉，2016，行动导向下大学英语教师的未来发展探究——评《行动研究与教师专业发展——大学英语教师 ESP 方向》，《中国教育学刊》(6)，144。

林莉兰，2015，基于教师中介学生自主学习能力发展的行动研究报告，《外语教学理论与实践》(2)，52-59。

刘良华，2001，行动研究：是什么与不是什么，《教育研究与实验》(4)，66-71。

刘睿、张德禄，2016，通过自我评价提升多模态语篇构建能力的行动研究——以英语专业学生口头报告为例，《中国外语教育》(3)，29-36。

刘新芳，2016，跨洋互动：英语写作教学新模式——评《中美学生英语"跨洋互动"行动研究与语料分析》，《中国教育学刊》(1)，114。

罗晓杰、牟金江，2016，反馈促进新教师教学反思能力发展的行动研究，《教师教育研究》(1)，96-102。

马红、陈振云、林建强，2013，预制语块理论对二语阅读影响的合作行动研究，《中国教育学刊》(2)，129-130。

牛刘伟，2015，高职英语专业学生口头报告行动研究，《中国外语教育》(2)，47-55。

帕尔默, P., 2005,《教学勇气: 漫步教师心灵》, 吴国珍、余巍等译。上海: 华东师范大学出版社。

潘赛仙, 2013, 英语电影配音秀在大学英语教学中的作用——一次 WebQuest 教学模式的尝试,《桂林师范高等专科学院学报》(2), 101-104。

彭梅, 2012, 英语听写教学行动研究——以非全日制英语专业大学生为例,《外语界》(5), 79-87。

彭梅, 2014a, 继续教育英语专业学生听说能力培养行动研究。博士学位论文。上海: 上海外国语大学。

彭梅, 2014b,《中国成人学生英语听说能力培养行动研究——以上海某高校为例》。青岛: 中国海洋大学出版社。

彭金定, 2000, 实践研究与大学英语教学,《外语界》(4), 7-11。

钱晓霞、陈明瑶、刘瑜, 2016,《基于课堂教学研究的外语教师专业自主发展: 反思与行动》。北京: 中国书籍出版社。

秦枫、洪卫、郎曼, 2013, 基于问题的教学模式在英语口语教学中的行动研究,《外语电化教学》(4), 70-75。

邱琳, 2017, "产出导向法"语言促成语言环节过程化设计研究,《现代外语》(3), 386-396。

阮全友, 2013,《中国语境下外语教育的行动研究观与思辨能力培养》。北京: 北京语言大学出版社。

阮全友、陈奇敏、雷小川, 2005, 我国 CALL 研究的趋势——行动研究和对行动研究之研究,《外语界》(4), 2-8。

阮晓蕾、詹全旺, 2021, 混合式学习视域下的大学英语 "线上 + 线下" 课程建构行动研究,《外语电化教学》(5), 101-106。

邵丽君、孙秋月, 2015, 中国文化课程融入英语专业教学的行动研究,《中国教育学刊》(S1), 346-348。

石晓玲、吴淑君, 2015, 基于网络异步交互工具的英语表达能力发展研究,《西安外国语大学学报》(3), 78-82。

史红丽, 2016, 通过配音提高大学生英语口语教学的特别行动研究, 载常小玲、李春梅 (编),《高校英语教师跨校互动发展团队的行动研究》, 70-80。北京: 外语教学与研究出版社。

舒晓杨, 2014, 新格莱斯会话含义理论在远程英语听力教学中的行动研究,《现代远程教育研究》(3), 80-86。

谭清, 2009, 建构主义视野下基于网络的大学英语写作教学: 课堂行动研究。博士学位论文。北京: 中央民族大学。

田丹,2012,大学生批判性思维能力培养方式探索。博士学位论文。上海:上海外国语大学。
田凤俊,2003,教育行动研究与外语教学创新,《外语教学》(6),63-63。
王笃勤,2004,小组合作学习行动研究,《国外外语教学》(1),14-19。
王洪林,2015a,基于"翻转课堂"的口译教学行动研究,《中国翻译》(1),59-62。
王洪林,2015b,"以口头汇报为输出驱动"的批判性阅读行动研究,《中国外语教育》(2),12-22。
王洪林,2017,翻转课堂教学视角下的英语写作教学行动研究,《中国外语教育》(2),62-68。
王洪林,2019,口译深度翻转学习行动研究,《外语教育研究前沿》(1),73-78。
王洪林,2021,AI时代基于O2O的深度交互式口译学习行动研究,《外语教育研究前沿》(1),41-46+89。
王洪林、樊启青、李静,2013,在口译教学中提高英语听辨能力的行动研究,《中国外语教育》(1),33-40。
王立非、张岩,2006,基于语料库的大学生英语议论文中的语块使用模式研究,《外语电化教学》(4),36-41。
王立非、张岩,2007,大学生英语议论文中高频动词使用的语料库研究,《外语教学与研究》(2),110-116。
王丽娟,2009,协作学习情景下的知识意义构建与体验式教学——CBI英语课程的行动研究,《外语教学》(4),75-79。
王林海、孙宁,2010,阅读真实语篇与英文商务信函体裁的习得——基于体裁教学法的行动研究,《外语电化教学》(3),38-42。
王蔷,2001,行动研究课程与具有创新精神的研究型外语教师的培养,《外语教学理论与实践》(1),1-7。
王蔷(编著),2002,《英语教师行动研究:从理论到实践》。北京:外语教学与研究出版社。
王蔷、张虹(编),2012,《高校与中学英语教师合作行动研究的实践探索:在行动中研究 在研究中发展》。上海:上海教育出版社。
王蔷、张虹,2014,《英语教师行动研究》(修订版)。北京:外语教学与研究出版社。
王蔷、张文华、林周婧,2010,高校与基础教育教师合作行动研究的实践探索,《课程·教材·教法》(12),87-93。
王晓军,2012,"3+1"外语课程范式下行动研究的元认知内涵,《外语电化教学》(5),44-49。
王晓军、高新艳,2015,生态视域下英语阅读课程群建设的行动研究,《外语电化教学》

(3)，64-68。

王晓军、陆建茹，2014，基于行动研究的高校外语教学团队建设：元认知策略视角，《外语界》(1)，79-87。

王筱晶、郭乙瑶，2021，运用会谈式反馈提升拔尖学生学术英语写作能力的行动研究，《外语教育研究前沿》(4)，42-48+93。

王艳艳、王勇，2013，循环模式视角下的大学英语听力教学行动研究探析，《外语教学理论与实践》(1)，49-54。

王志远，2015，基于"信息差"的综合英语课堂交互模式的行动研究，《外语研究》(1)，53-56。

文秋芳（编），1999a，《英语口语测试与教学》。上海：上海外语教育出版社。

文秋芳，1999b，口语教学与思维能力的培养，《国外外语教学》(2)，1-4。

文秋芳，2007，"作文内容"的构念效度研究——运用结构方程模型软件 AMOS 5 的尝试，《外语研究》(3)，66-71。

文秋芳，2011，《英语教学中的行动研究方法》评介，《中国外语教育》(3)，59-63。

文秋芳，2012，提高"文献阅读与评价"课程质量的行动研究，《中国外语教育》(1)，32-39。

文秋芳，2014，"输出驱动－输入促成假设"：构建大学外语特庥教学理论的尝试，《中国外语教育》(2)：1-12。

文秋芳，2019，辩证研究与行动研究的比较，《现代外语》(3)，385-396。

文秋芳、韩少杰，2011，《英语教学研究方法与案例分析》。上海：上海外语教育出版社。

文秋芳、刘润清，2006，从英语议论文分析大学生抽象思维特点，《外国语》(2)，49-58。

文秋芳、任庆梅，2010，大学英语教师专业发展研究的趋势、特点、问题与对策——对我国 1999—2009 期刊文献的分析，《中国外语》(4)，77-83。

邬易平，2019，大学英语描写文写作体验式教学行动研究，《当代外语研究》(4)，78-88。

吴格奇，2005，"语言学导论"课程教学行动研究与教师知识体系的反思，《国外外语教学》(2)，32-37。

吴青，2012，本科翻译专业课堂中的理论训练——一门外语专业课的行动研究个案报告，《中国翻译》(5)，37-43。

吴欣，1996，行动研究：英语教师职业发展的重要途径，《西南师范大学学报（哲学社会科学版）》(3)，101-103。

吴宗杰，1995，行动研究：外语师资教育新途径，《外语教学与研究》(2)：48-50。

谢职安，2014，《高校英语教师专业发展研究》。北京：知识产权出版社。
辛铜川，2013，医科硕士研究生 EAP 教学中的行动研究——以课堂 presentation 教学实践为例，《外语教学》(6)，64-69。
修晨，2011，新手教师关于认识课堂教学目标的行动研究，《中国外语教育》(1)，31-35。
徐椿樑，1990，支架学习理论在专业技术教学的成效分析之研究。博士学位论文。台北：台湾师范大学。
徐浩，2013，写作长度对学生英语作文语法特征的影响研究——一个写作过程视角，《中国外语教育》(2)，3-10。
徐浩，2015，英语专业议论文写作教学中三类范例使用的行动研究，《山东外语教育》(5)，57-62。
徐浩、高彩凤，2007，英语专业低年级读写结合教学模式的实验研究，《现代外语》(2)，184-190。
薛媛，2009，英语议论文写作中 because 因果关系结构中的逻辑推理缺陷分析，《外语教学》(3)，59-64。
杨凤，2013，一项基于学术英语写作教学的行动研究，《中国外语教育》(4)，32-41。
杨华、李莉文，2017，融合跨文化能力与大学英语教学的行动研究，《外语与外语教学》(2)，9-17。
杨荣丽、马刚、冯延琴，2016，动态语境下培养英语口语语用能力的理据研究，《外语电化教学》(5)，54-59。
杨晓华，2012，翻译教学中的课程行动研究——以 BTI 文化翻译课程为例，《外语教学》(4)，109-113。
叶如帆，2011，从追求新奇到回归基础训练——对大学英语精读课堂教学的行动研究，《中国外语教育》(1)，36-40。
于红，2012，医学生英语写作能力培养研究。博士学位论文。上海：上海外国语大学。
张东英，2011，关于口头报告教学的行动研究，《中国外语教育》(1)，41-51。
张俊英，2010，大学英语多维互动教学模式行动研究。博士学位论文。上海：上海外国语大学。
张文娟，2013，打破应试教学的藩篱，提高大学生英语写作水平———项基于课堂教学的行动研究，《中国外语教育》(4)，23-31。
张文娟，2015，"学术英语（法学）"课程中的小组主题汇报———项基于项目教学法的行动研究，《中国外语教育》(1)，25-32。
张文娟，2017，"产出导向法"应用于大学英语教学之行动研究。博士学位论文。北京：

北京外国语大学。

张雁玲，2011，行动研究中高校外语教师研究能力的发展。博士学位论文。上海：上海外国语大学。

张雁玲，2014，《行动研究中的高校外语教师研究能力的发展》。北京：中国财政经济出版社。

赵燚、向明友，2018，内容与语言融合型教学应用于大学英语教学的行动研究，《中国外语教育》（2），26-33+85。

郑超、杜寅寅、伍志伟，2013，《中美学生英语"跨洋互动"行动研究与语料分析》。北京：科学出版社。

郑金洲，1997，行动研究：一种日益受到关注的研究方法，《上海高教研究》（1），23-27。

郑敏、陈凤兰，2000，教学行动研究在阅读教学中的应用，《外语教学与研究》，（6），431-436。

郑萱、李孟颖，2016，探索反思性跨文化教学模式的行动研究，《中国外语》（3），4-11。

郑瑶菲，2014，基于"云服务"的多模态课堂口头报告教学行动研究，《中国电化教育》（12），133-138。

支永碧，2008，从"行动研究"到"行动教育"——英语教师教育和课堂改革的范式创新，《外语与外语教学》（9），28-33。

支永碧，2010，行动研究中建构"学问"教学模式——外语课堂反思与重构的新途径，《外语学刊》（4），99-102。

中华人民共和国教育部，2021，中国教育概况——2020年全国教育事业发展情况，http://www.moe.gov.cn/jyb_sjzl/s5990/202111/t20211115_579974.html（2022年1月30日读取）。

钟维，2014，TRACK框架下《高级英语》课程微群与课堂混合教学的行动研究，《外语电化教学》（5），22-27。

周一书，2019，续写训练提高大学英语写作教学成效的行动研究，《外语教育研究前沿》（1），59-65+89。

朱妍，2016，英语教师行动研究对大学英语教学的作用——评《英语教师行动研究》，《教育发展研究》（8），86。

朱甫道，2007，在整体语言教学观下实施"以写促说"的模式——一项基于行动研究的探讨，《外语界》（5），17-27。